Cahier
Partie 1 de 2   M.1

Contenu

Mets ton nom
ou une image
ici!

JUMP Math
One Yonge Street, Suite 1014
Toronto, Ontario M5E 1E5
Canada
www.jumpmath.org

Auteures : Dre Heather Betel, Julie Lorinc
Éditeurs : Megan Burns, Liane Tsui, Julie Takasaki, Natalie Francis, Jackie Dulson, Janice Dyer,
           Strong Finish Editorial Design
Traducteur : Sirois Translation Services
Mise en page et illustrations : Linh Lam, Fely Guinasao-Fernandes, Sawyer Paul
Conception de la couverture : Blakeley Words+Pictures
Photographie de couverture : © Photo Pegah

ISBN 978-1-77395-202-4

Première impression juillet 2022

Publié à l'origine en 2017 à titre de la new Canadian edition of JUMP Math AP Book K.1 (978-1-928134-25-1).

Imprimé et relié au Canada

Bienvenue à JUMP Math

Entrer dans le monde de JUMP Math, c'est croire que chaque enfant a la capacité d'être complètement numérique et d'aimer les mathématiques. Le fondateur et mathématicien John Mighton a utilisé cette prémisse pour développer sa méthode d'enseignement innovante. Les ressources qui en résultent isolent et décrivent les concepts de manière si claire et incrémentielle que tout le monde peut les comprendre.

JUMP Math est composé de guides de l'enseignant (qui sont le cœur de notre programme), de leçons interactives sur tableau blanc, des cahiers pour les élèves, de matériel d'évaluation, de programmes de sensibilisation et de formation des enseignants. Tout ceci est présenté sur le site web de JUMP Math : **www.jumpmath.org**.

Les guides de l'enseignant sont disponibles sur le site Web pour une utilisation gratuite. Lisez l'introduction des guides de l'enseignant avant de commencer à utiliser ces ressources. Cela vous permettra de comprendre à la fois la philosophie et la méthodologie de JUMP Math. Les cahiers sont conçus pour être utilisés par les élèves, avec les conseils d'un adulte. Chaque élève aura des besoins uniques et il est important de lui fournir le soutien et les encouragements appropriés pendant qu'il travaille sur le matériel.

Essayez, autant que possible, de laisser les élèves découvrir par eux-mêmes les concepts. Les découvertes mathématiques peuvent se faire par petites étapes progressives. La découverte d'une nouvelle étape est comme démêler les pièces d'un casse-tête. C'est passionnant et gratifiant.

Les élèves devront répondre aux questions marquées d'un ▱ dans un carnet. Les carnets de papier quadrillé doivent toujours être à portée de main pour répondre aux questions supplémentaires ou lorsqu'un espace de calcul supplémentaire est nécessaire.

Contenu

Unité 4 : Les régularités et l'algèbre : Régularités et nombres ordinaux

Unité 5 : Logique numérale : Chiffres de 6 à 10

Unité 6 : Logique numérale : Comparer les chiffres en deçà de 10

PARTIE 2

Unité 7 : Mesures : Comparer et mesurer

Unité 8 : Logique numérale : Addition en deçà de 5

Unité 9 : Logique numérale : Addition en deçà de 10

Unité 10 : Probabilité et traitement de données : Classement et graphiques

LNM-I La suite de comptage de I à I0

☐ Colorie.

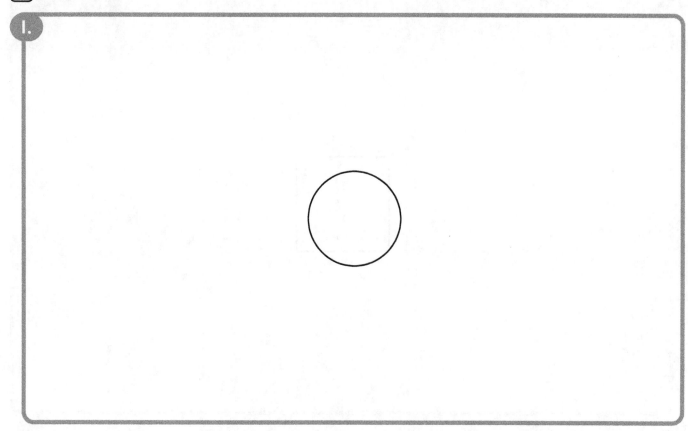

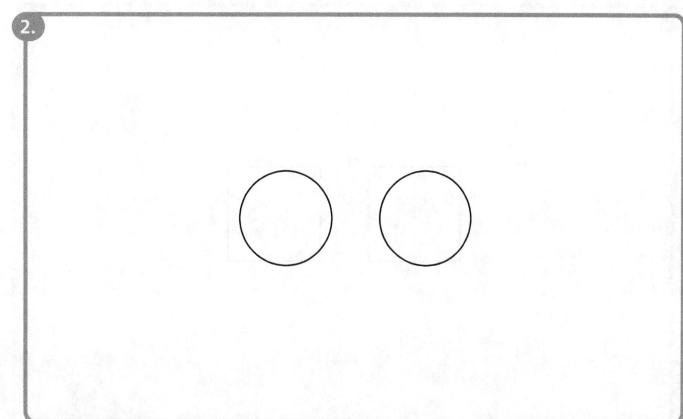

☐ Colorie.

3.

☐

4.

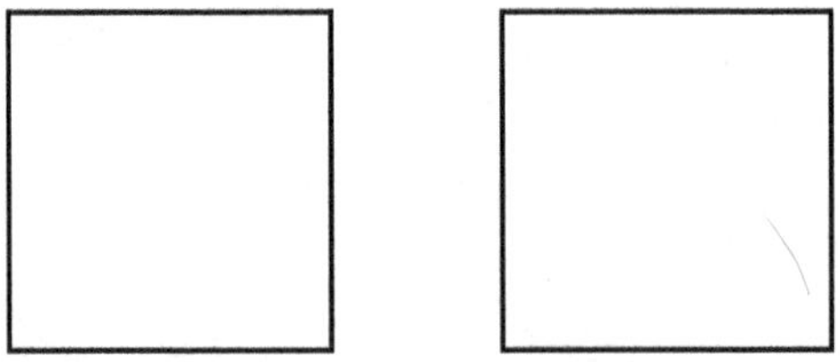

☐ ☐

☐ Colorie.

5. BONUS

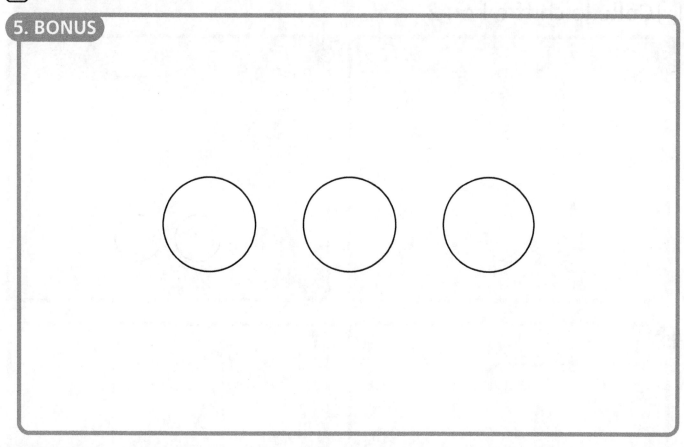

6. BONUS

☐ Colle le chiffre I ou 2.

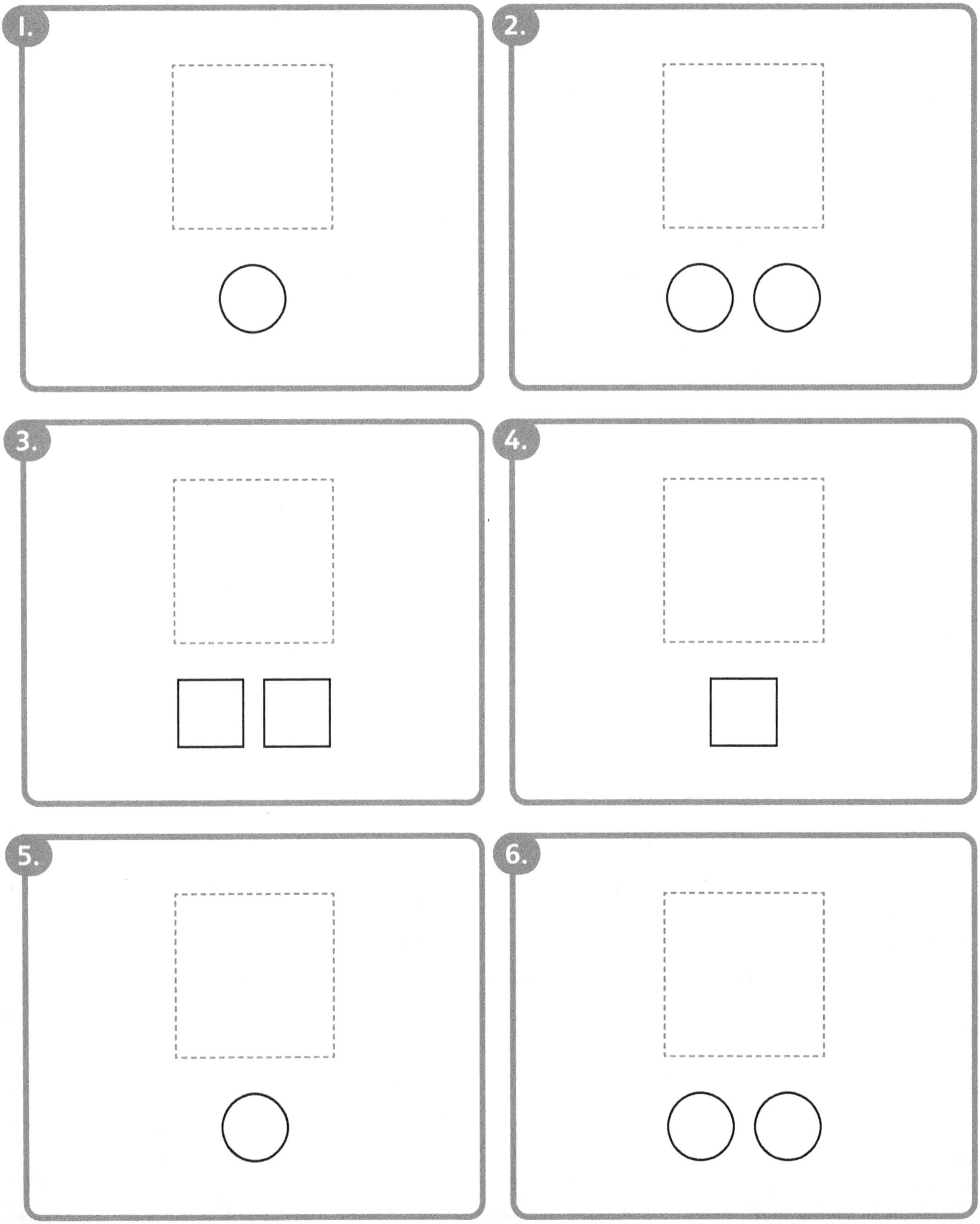

I.

2.

3.

4.

5.

6.

☐ Colle une image de 1 ou 2.

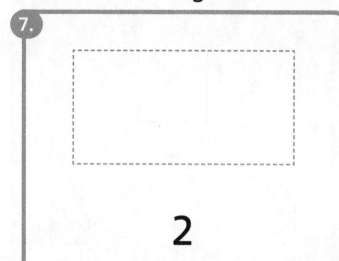

7.

2

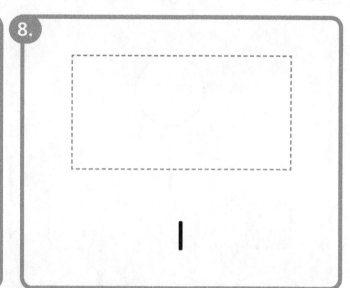

8.

1

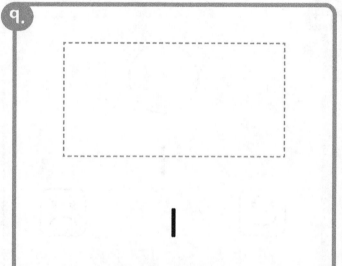

9.

1

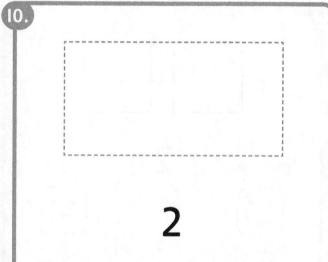

10.

2

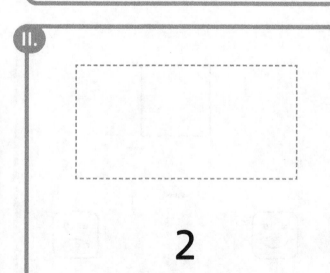

11.

2

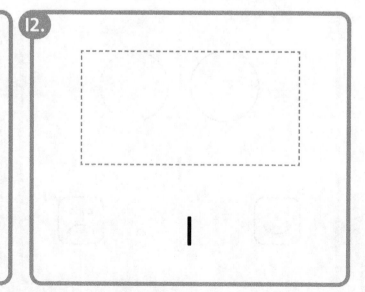

12.

1

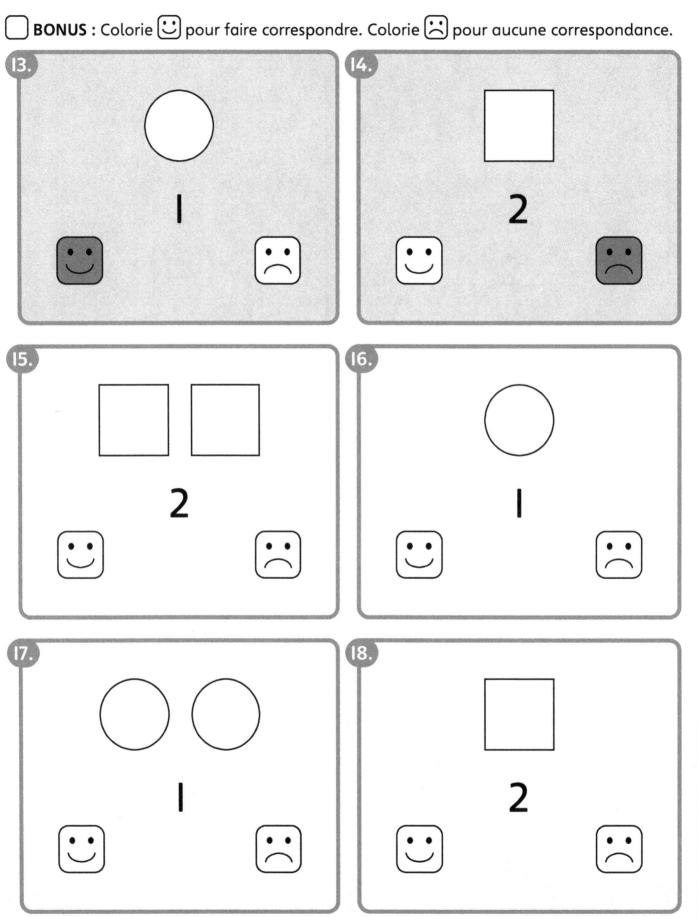

LNM-3 **Le chiffre 3**

☐ Colle le chiffre I, 2 ou 3.

1.

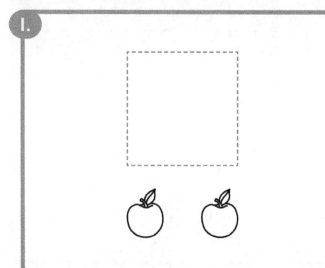

2.

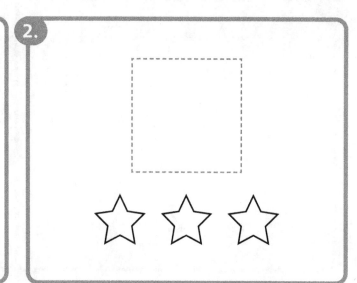

3.

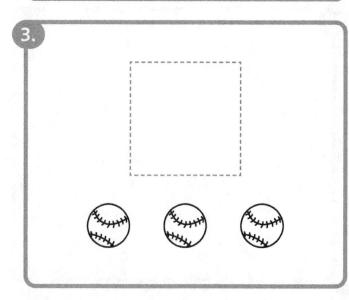

4.

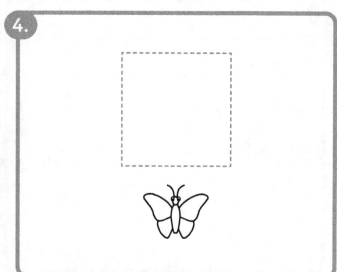

5.

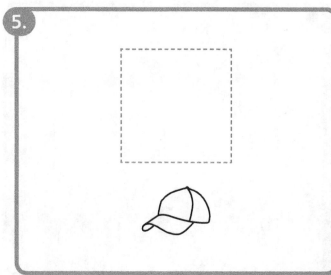

6.

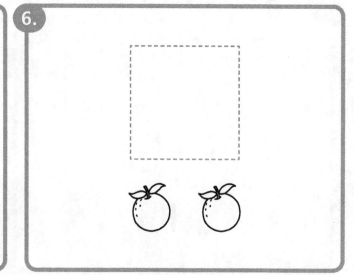

☐ Colle une image de 1, 2 ou 3.

7.

2

8.

1

9.

3

10.

2

11.

1

12.

3

☐**BONUS** : Colorie 🙂 pour correct. Colorie 🙁 pour incorrect.

13.

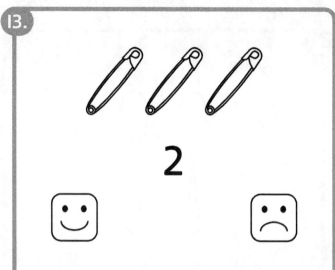

2

🙂 🙁

14.

1

🙂 🙁

15.

1

🙂 🙁

16.

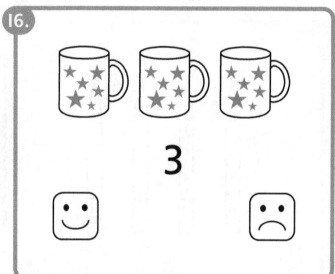

3

🙂 🙁

17.

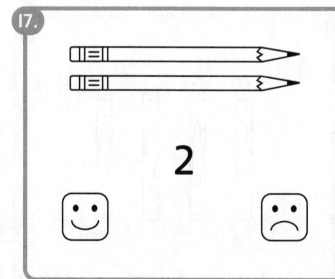

2

🙂 🙁

18.

3

🙂 🙁

☐ Compte.

I.

2.

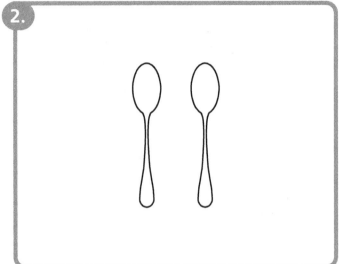

3.

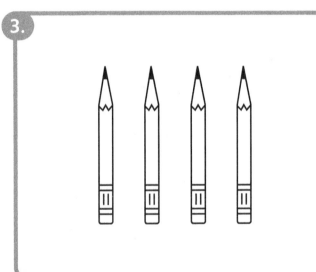

4.

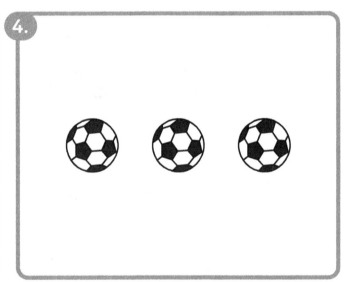

5.

6.

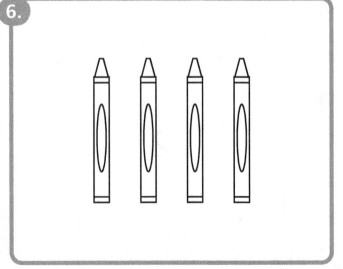

☐ Compte.

7.

8.

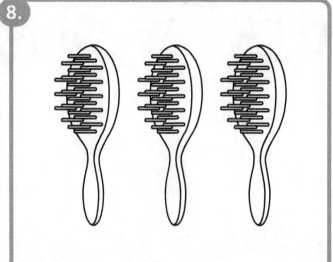

9.

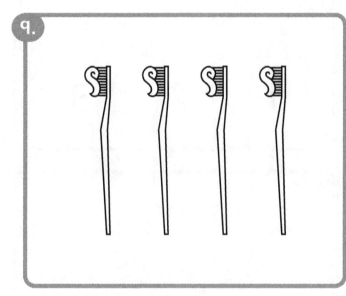

10.

11.

12.

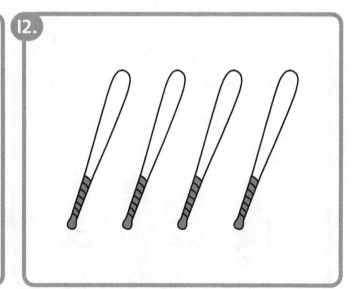

☐ Utilise ⬤. Compte.

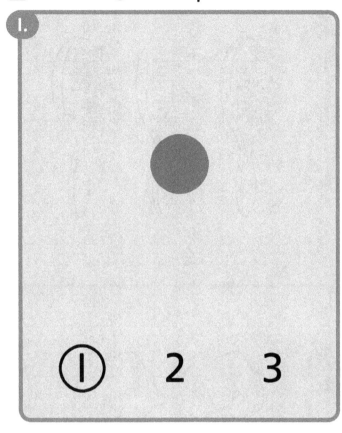

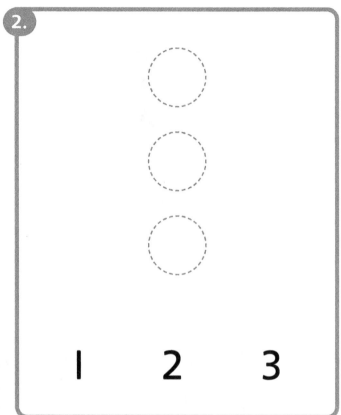

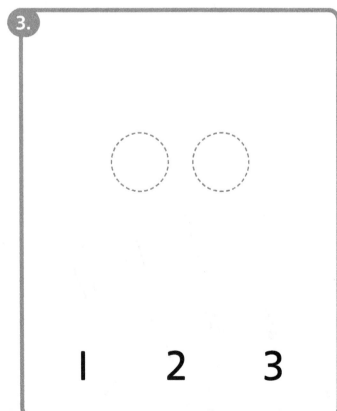

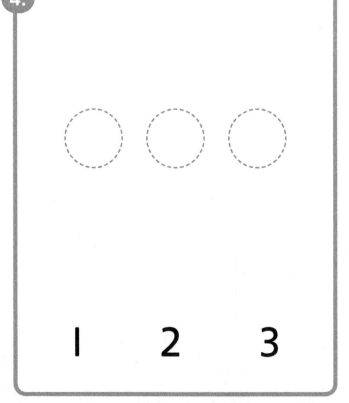

☐ Utilise ●. Compte.

5.

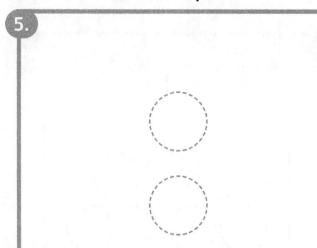

1   2   3

6.

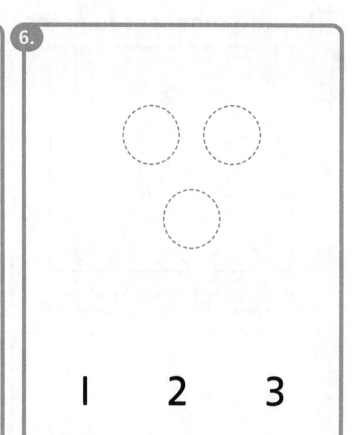

1   2   3

7.

1   2   3

8.

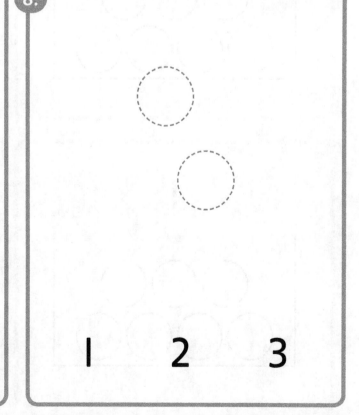

1   2   3

LNM-6 Compter 1, 2 et 3 dans un groupe

☐ Montre comment compter.

1.

3

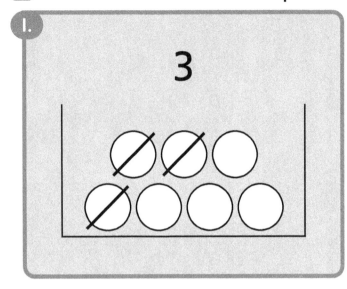

2.

1

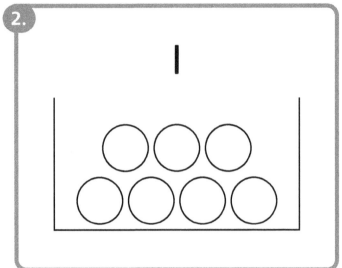

3.

2

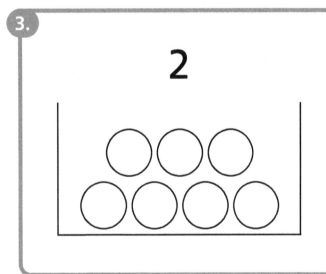

4.

3

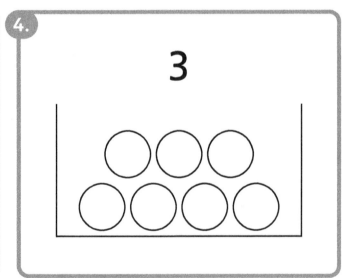

5.

1

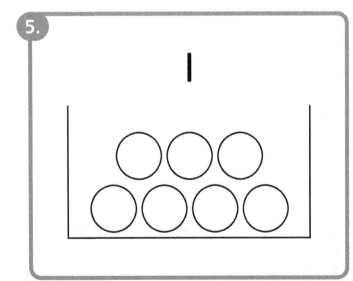

6.

2

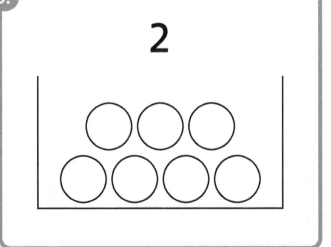

☐ **BONUS :** Montre comment compter.

7.

3

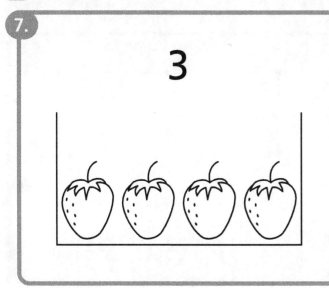

8.

2

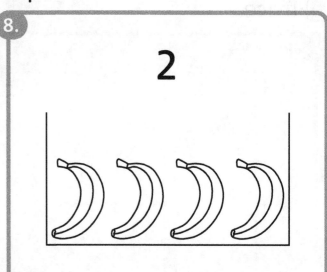

9.

1

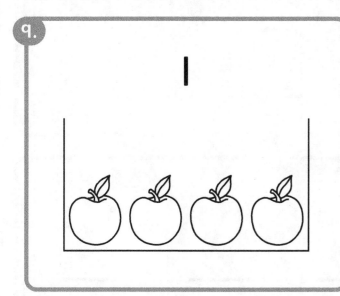

10.

3

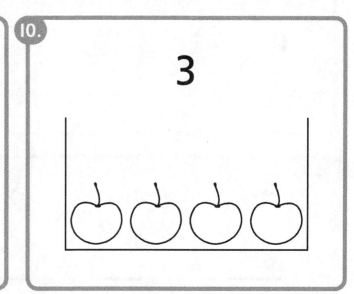

11.

2

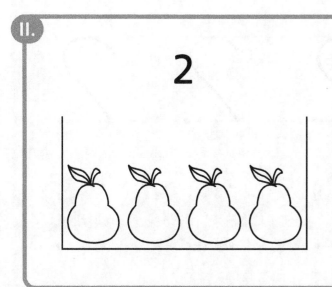

12.

1

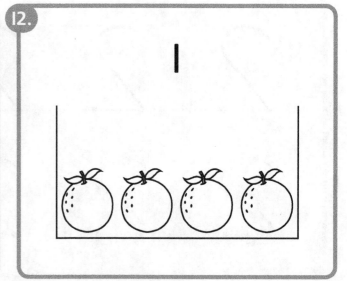

Logique numérale M-6

☐ Trace.

I.

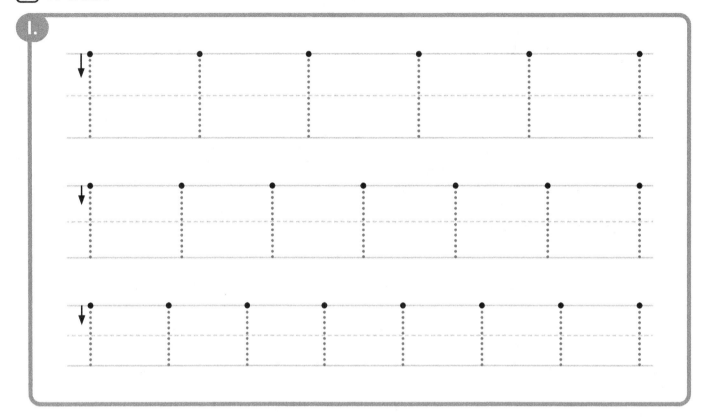

2.

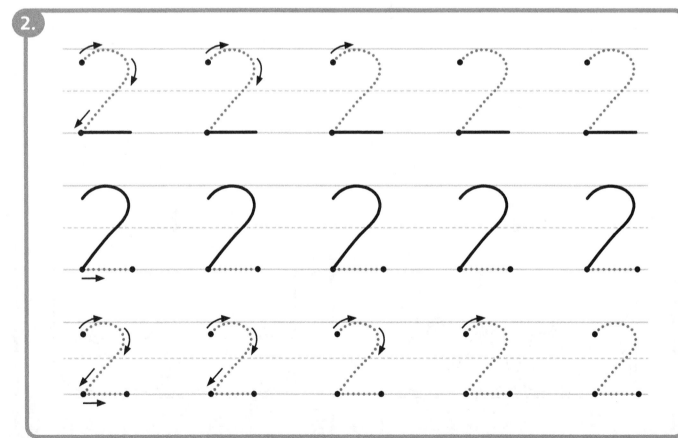

Trace.

3.

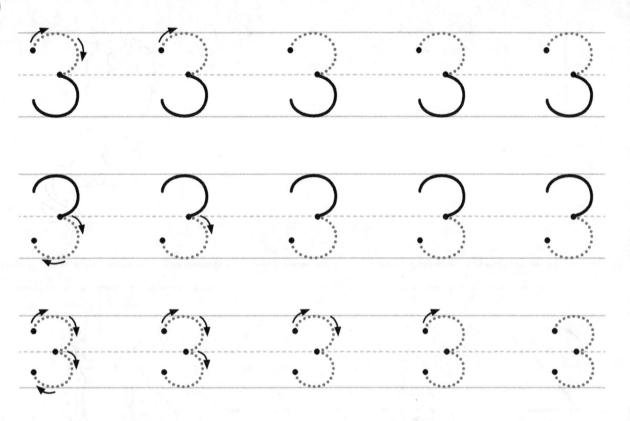

4.

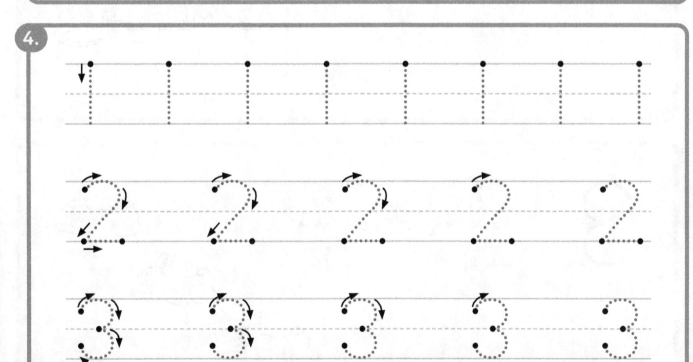

☐ Trace et colorie.

5.

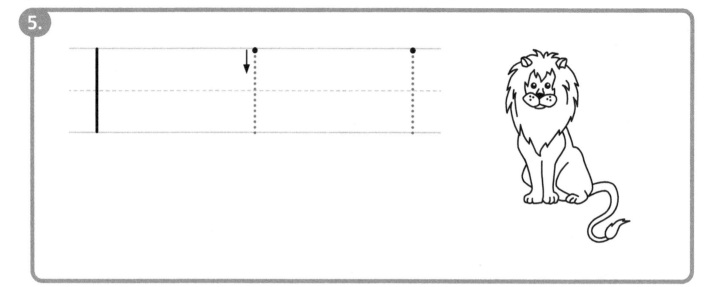

6.

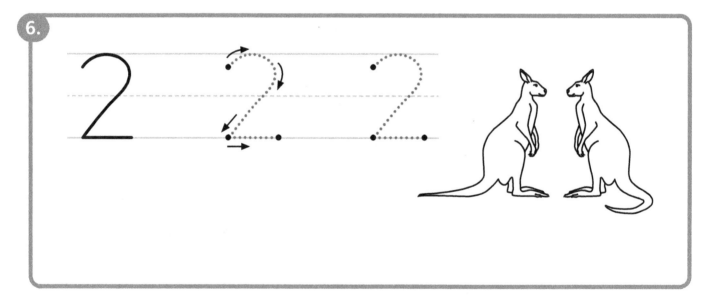

7.

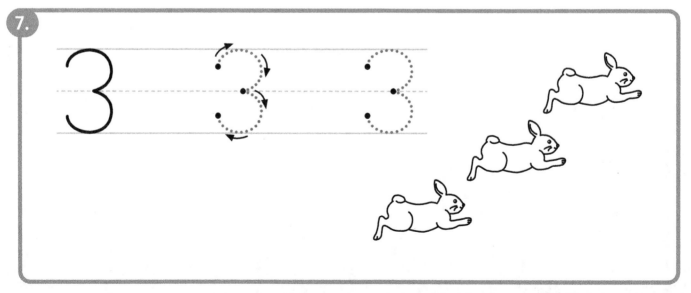

LNM-8 Compter avec 4

☐ Utilise ⬤. Compte.

1.

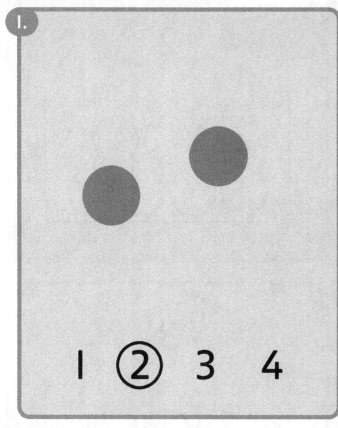

1　②　3　4

2.

1　2　3　4

3.

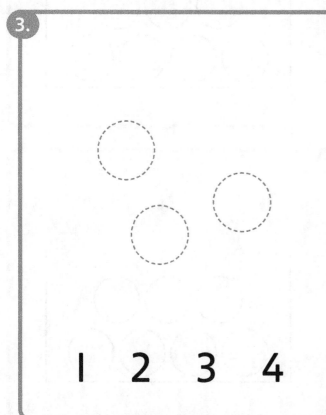

1　2　3　4

4.

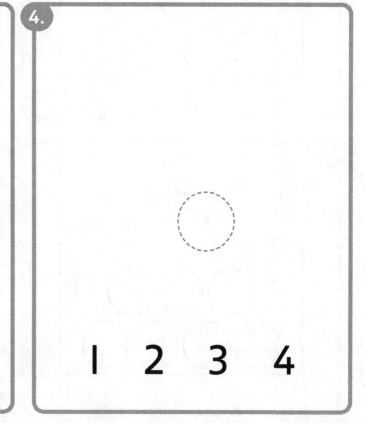

1　2　3　4

☐ Montre comment compter.

5.

4

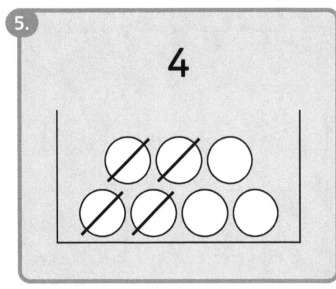

6.

2

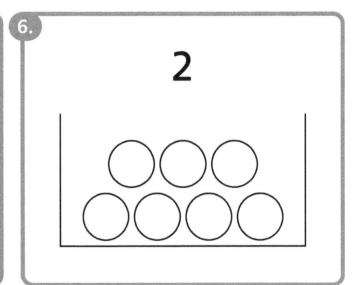

7.

1

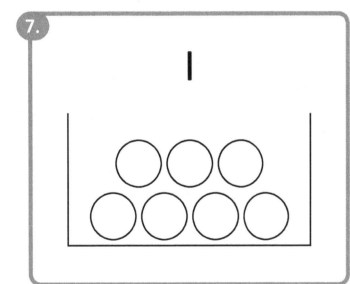

8.

3

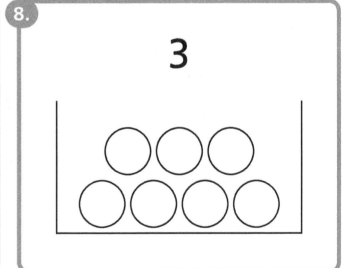

9.

3

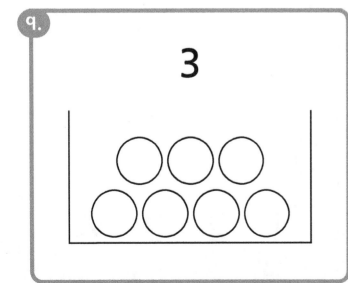

10.

4

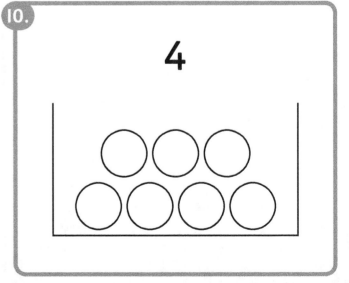

Logique numérale M-8

☐ BONUS : Montre comment compter.

11.

3

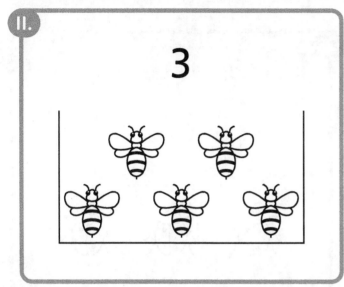

12.

2

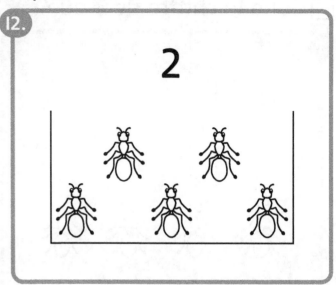

13.

4

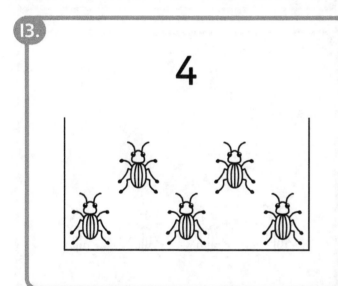

14.

1

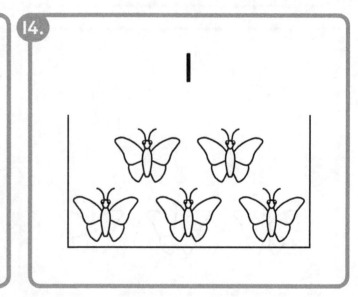

15.

3

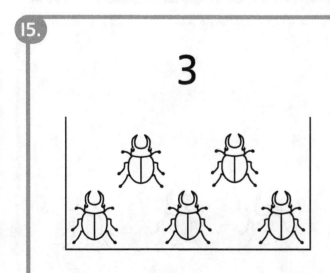

16.

4

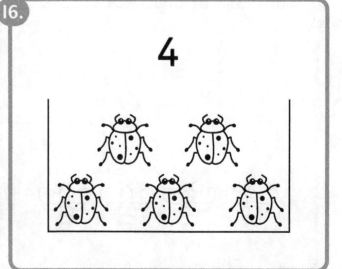

Logique numérale M-8

☐ Colle le chiffre de 3 ou 4.

1.
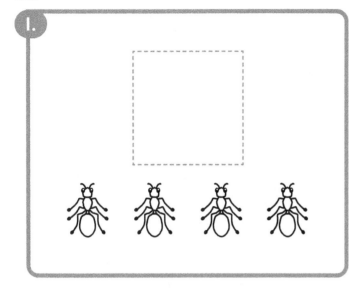

2.
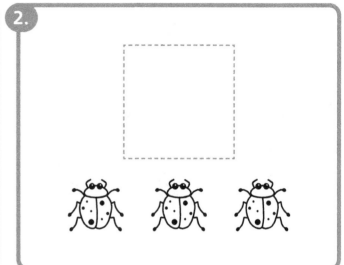

3.
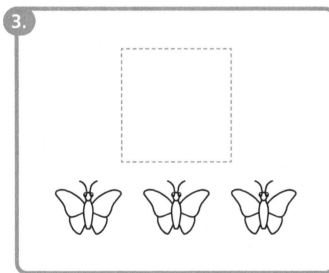

4.
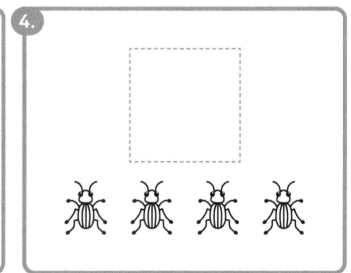

5.
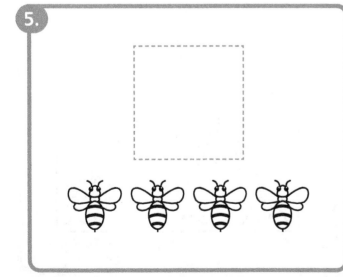

6.
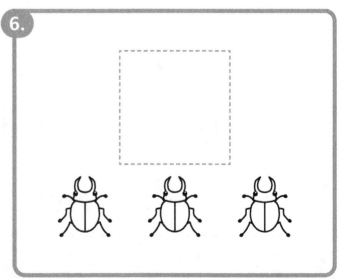

☐ Colle le chiffre 1, 2, 3 ou 4.

7.

8.

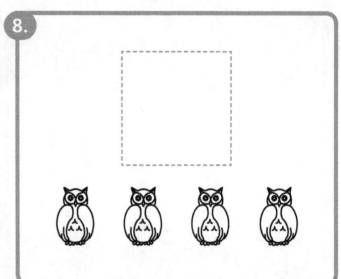

9.

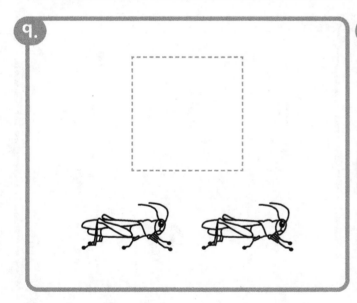

10.

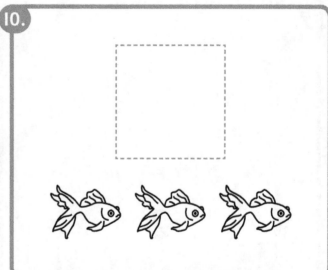

11.

12.

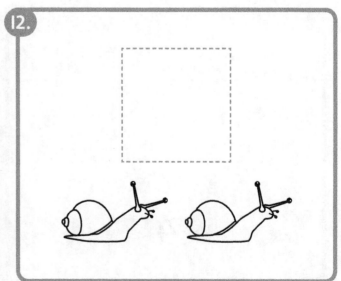

☐Colle une image de 1, 2, 3 ou 4.

13.

3

14.

1

15.

2

16.

4

17.

4

18.

3

☐**BONUS** : Colorie 🙂 pour correct. Colorie 🙁 pour incorrect.

19.

20.
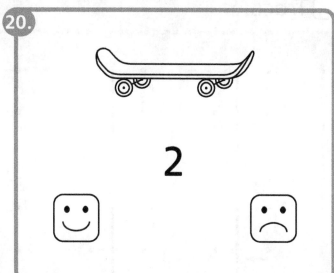

21.
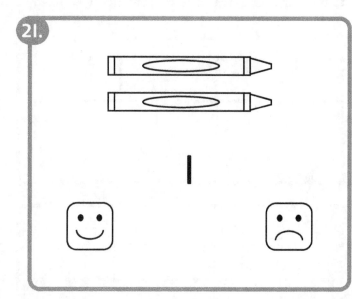

22.
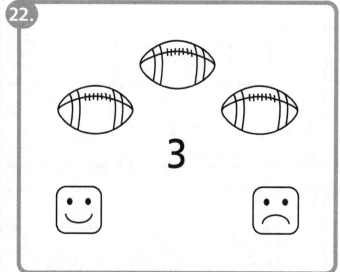

23.
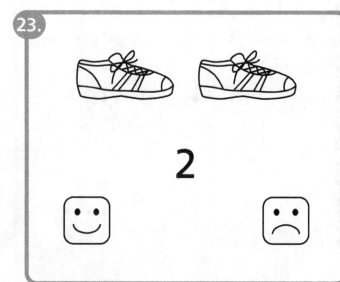

24.
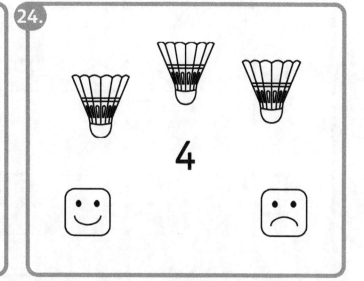

LNM-I0 Écrire 4

☐ Trace.

I.

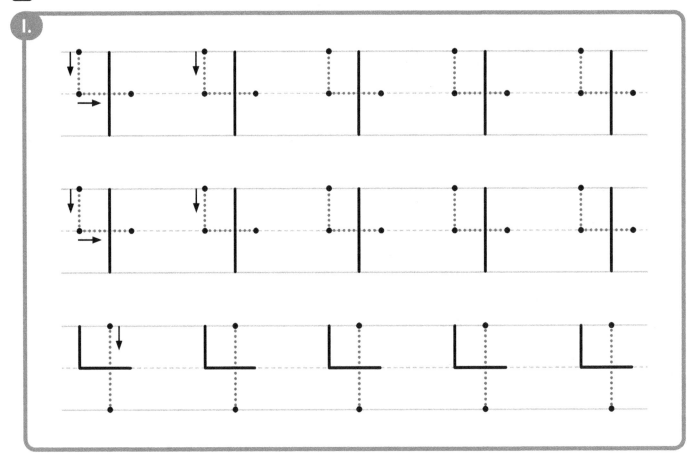

2.

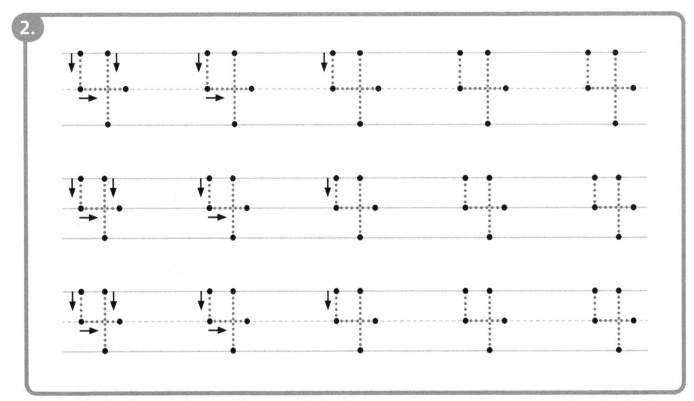

☐ Trace et colorie.

3.

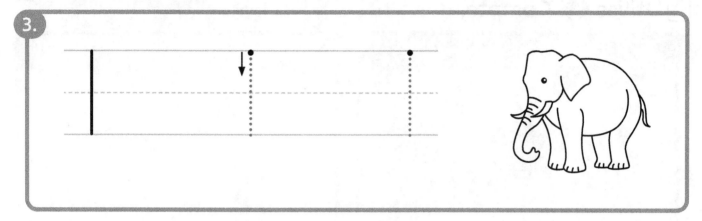

4.

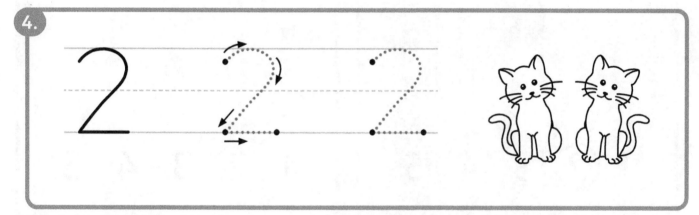

5.

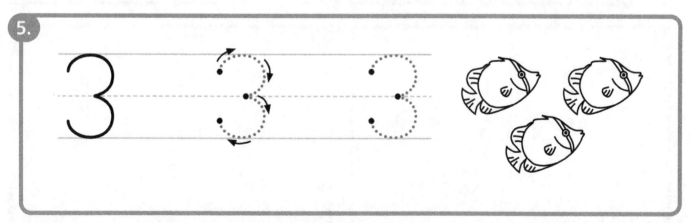

6.

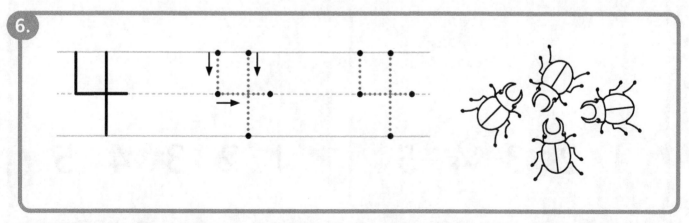

☐ Utilise ⬤. Compte.

1.

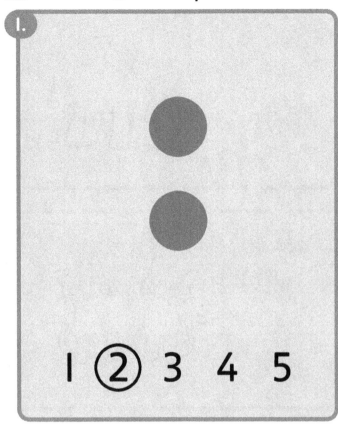

1 ② 3 4 5

2.

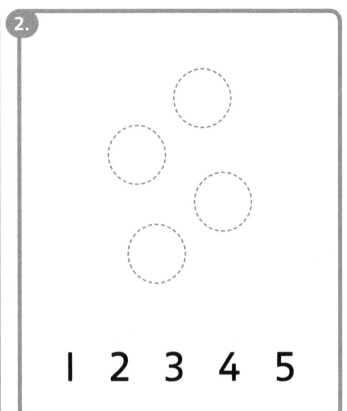

1 2 3 4 5

3.

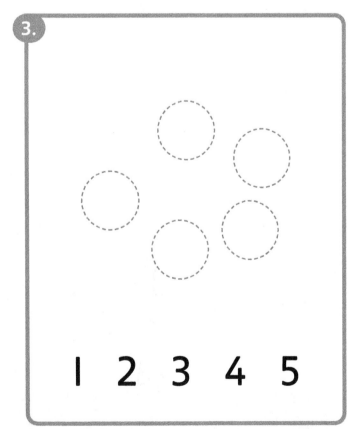

1 2 3 4 5

4.

1 2 3 4 5

⬜ Utilise ⚫. Compte.

5.

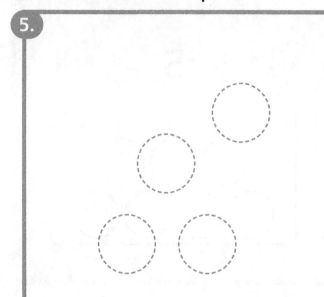

1 2 3 4 5

6.

1 2 3 4 5

7.

1 2 3 4 5

8.

1 2 3 4 5

Logique numérale M-II

Montre comment compter.

9.

3

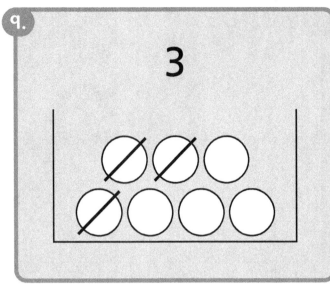

10.

5

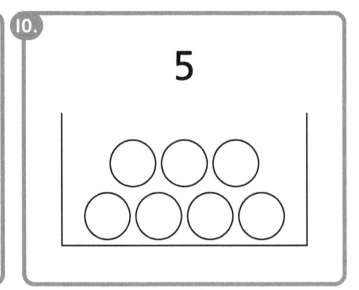

11.

2

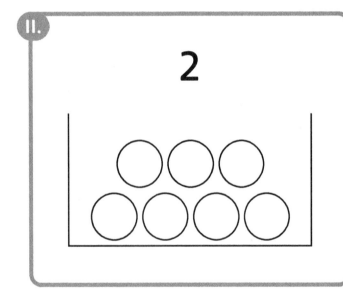

12.

4

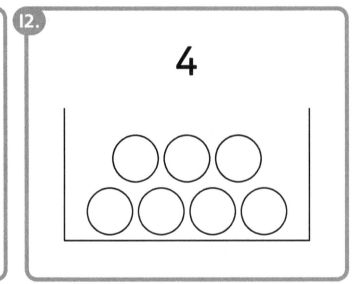

13.

5

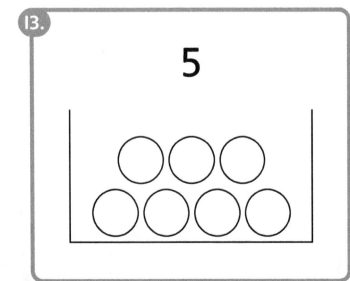

14.

1

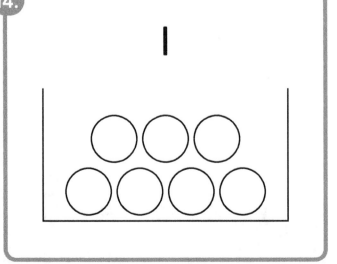

☐ **BONUS** : Montre comment compter.

15.

4

16.

3

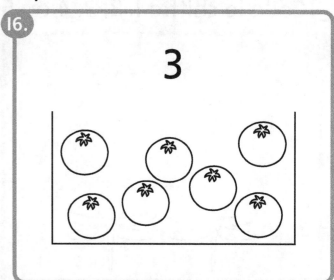

17.

5

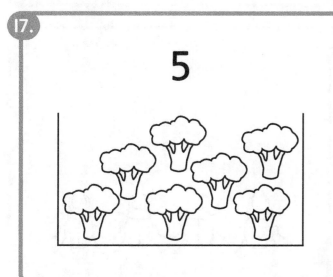

18.

2

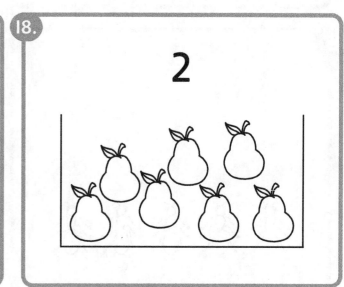

19.

3

20.

5

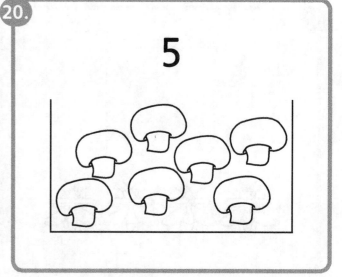

☐ Colle le chiffre I, 2, 3, 4 ou 5.

I.

2.

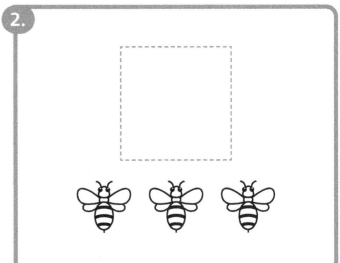

3.

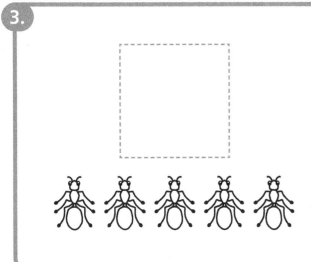

4.

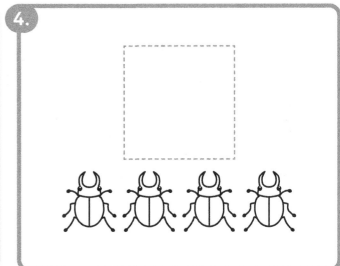

5.

6.

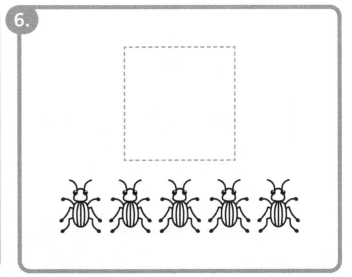

☐ Colle une image de 1, 2, 3, 4, ou 5.

7.

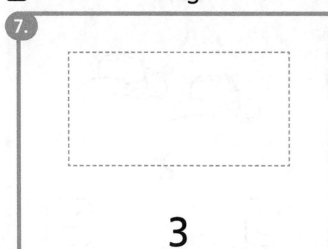

3

8.

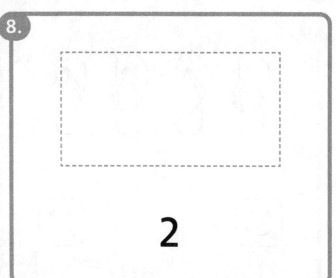

2

9.

5

10.

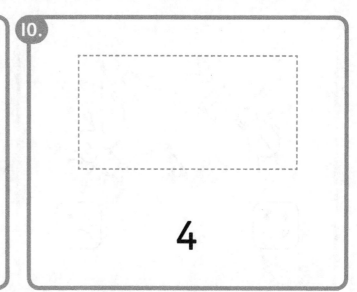

4

11.

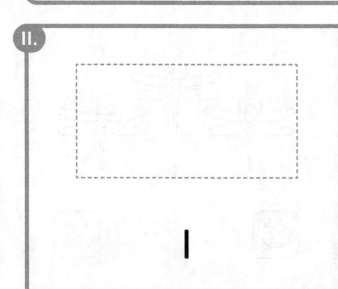

1

12.

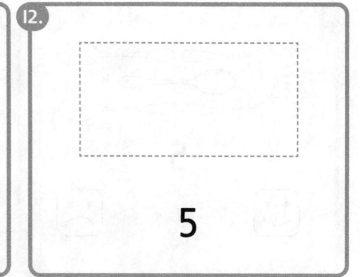

5

13.

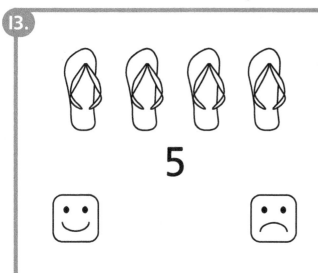

5

14.

2

15.

4

16.

3

17.

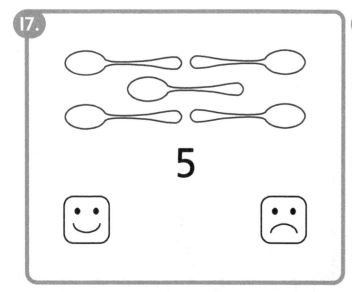

5

18.

1

LNM-I3 Écrire 5

☐ Trace.

I.

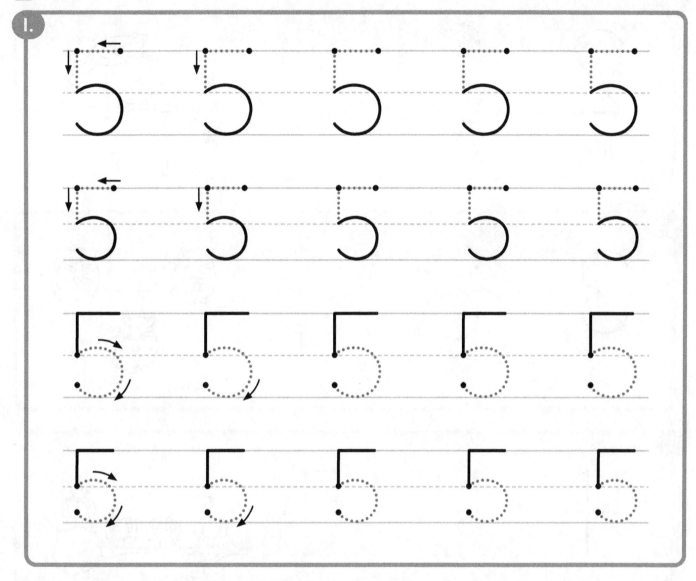

2.

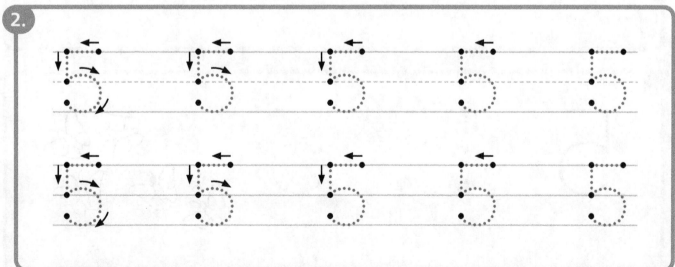

☐ Trace et colorie.

3.

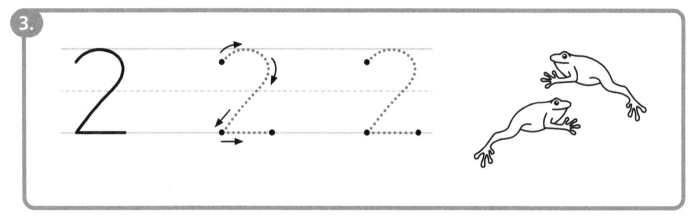

4.

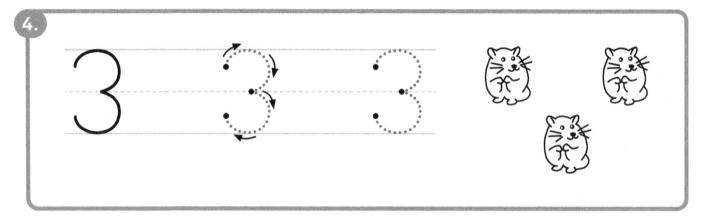

5.

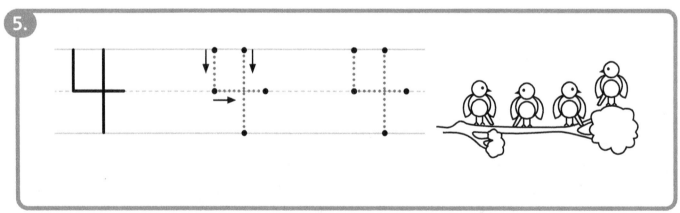

6.

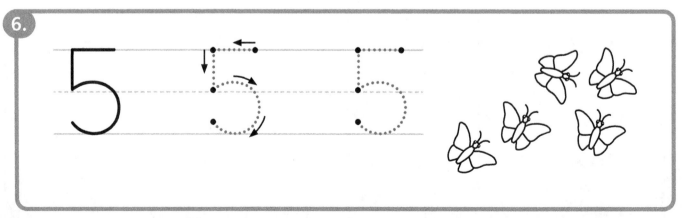

LNM-14 Révision de 1, 2, 3, 4 et 5

☐ Colorie.

1.

1

2.

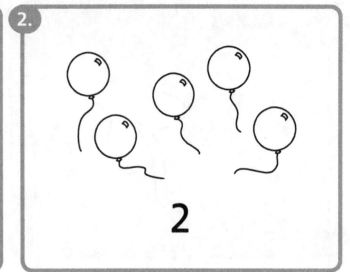

2

3.

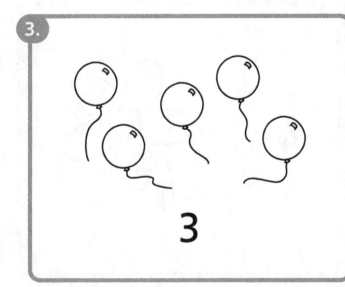

3

4.

4

5.

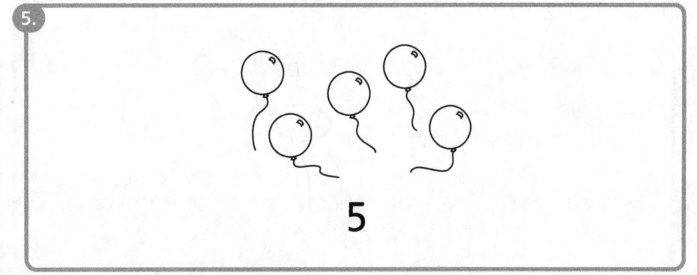

5

☐ Colorie.

6.

1

7.

2

8.

3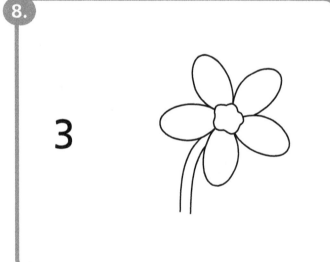

q.

4

10.

5

Logique numérale M-14

LNM-I5 Comptage jusqu'à 20

☐ Trace.

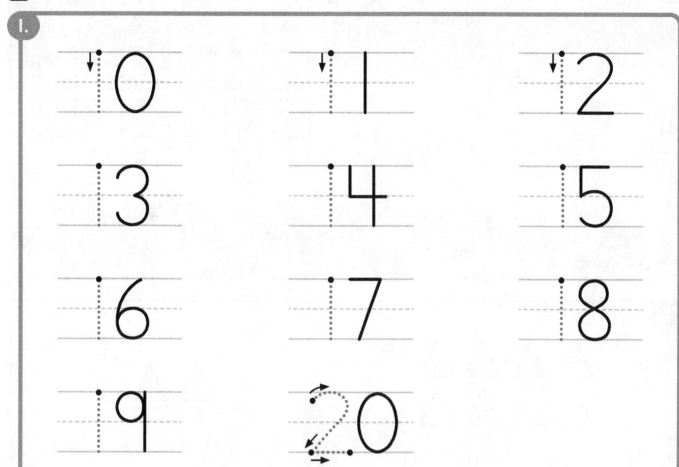

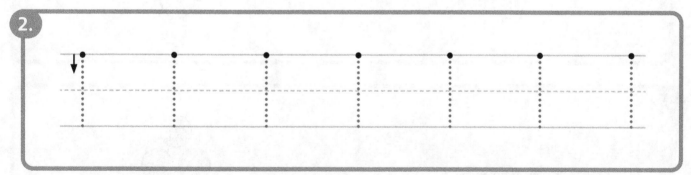

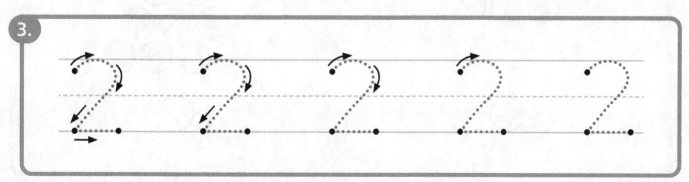

LNM-I6 Plus

☐ Colorie le ☼ pour le groupe qui en contient le **plus**.

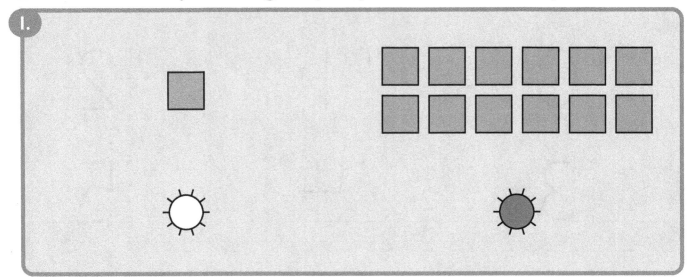

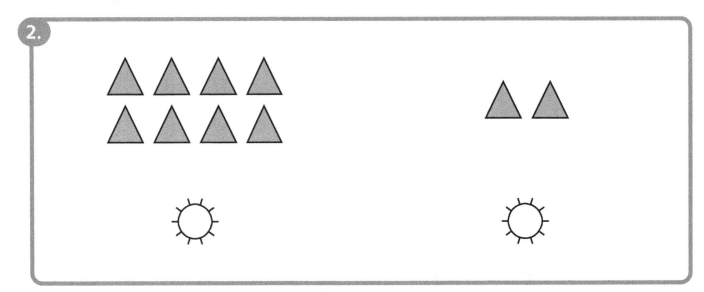

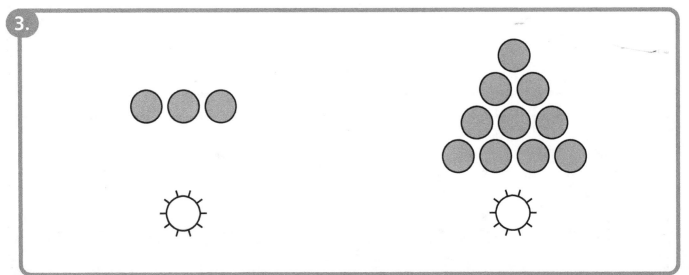

☐ Colorie le ☼ pour le groupe qui en contient le plus.

4.

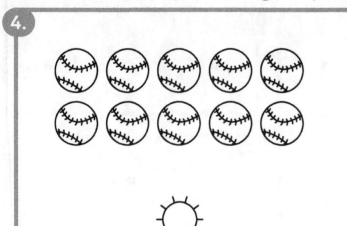

5.

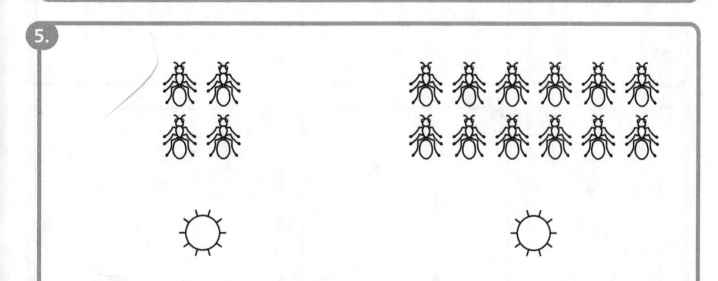

6.

☐ Relie les points

7.

8.

9.

10.

11.

12.

13.

14.

15.

16.

17.

18.

☐ Relie les points

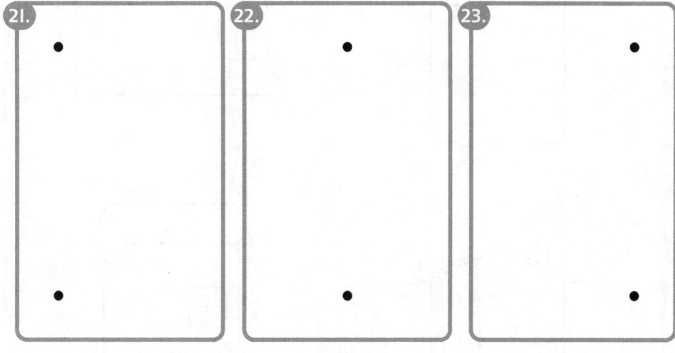

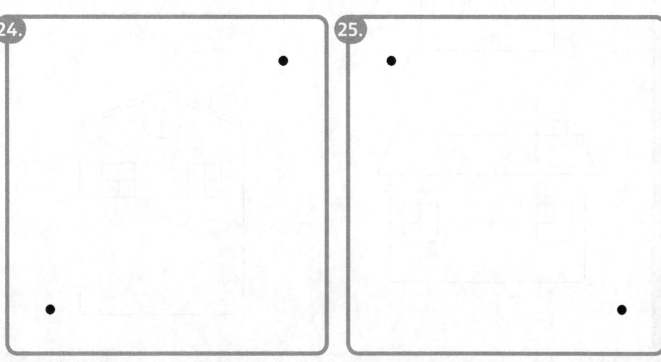

LNM-I7 Le chiffre identique (correspondance)

⬜ Colle une ⬜ pour chaque ⬠.

I.

☐ Dessine une ligne pour faire correspondre chaque 🧤 avec une ✋.

2.

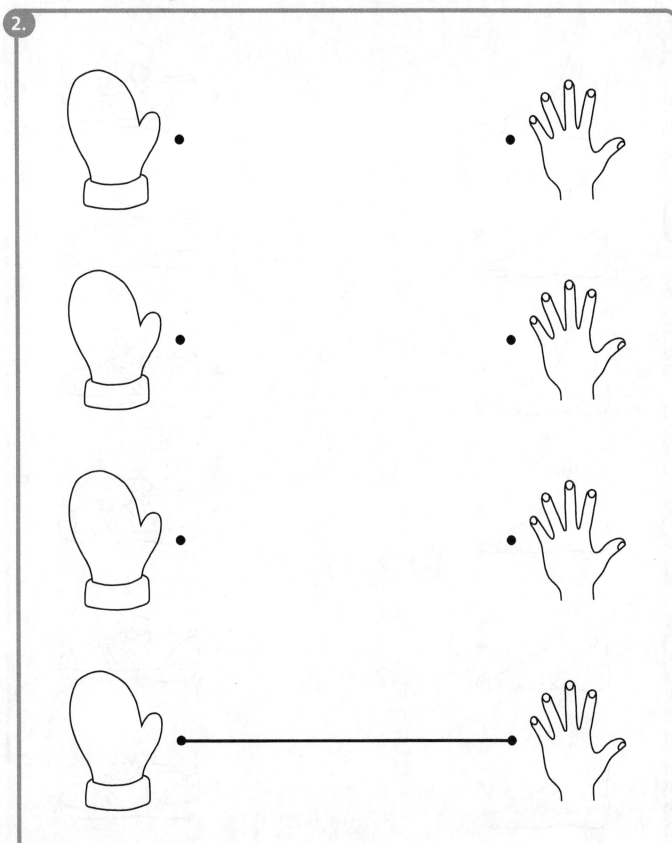

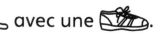
3.

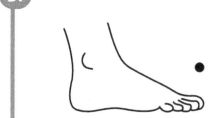 ●   ●

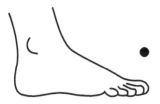 ●   ●

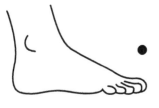 ●   ●

 ●   ●

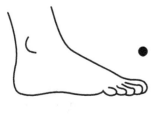 ●   ●

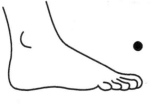 ●   ●

LNM-I8 Le chiffre identique (comptage)

Quels chiffres sont **identiques**?
☐ Dessine une ligne.

1.

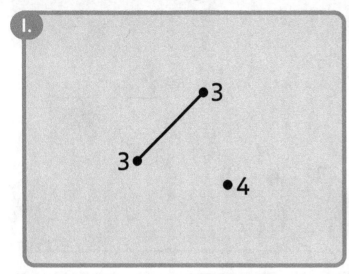

2.

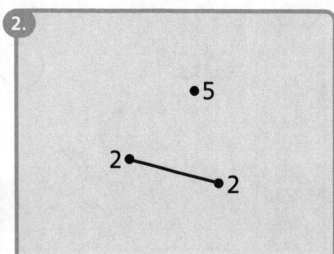

3.

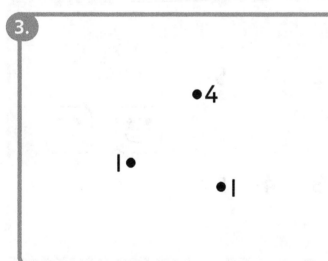

4.

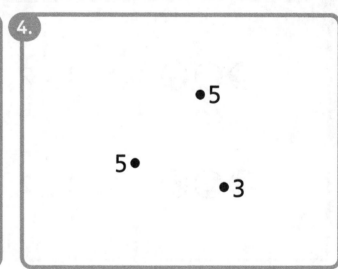

5.

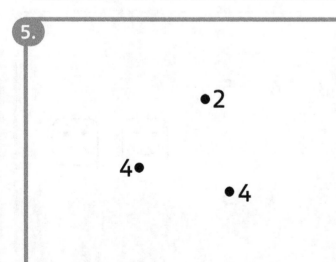

6.

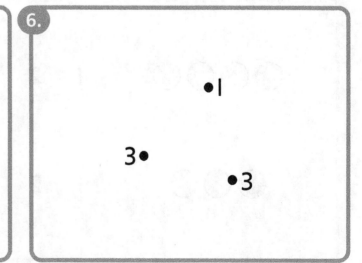

☐ Compte. Entoure le chiffre.

☐ Colorie 🙂 si c'est identique. Colorie 🙁 si ce n'est pas identique.

7.

● ●   1 ② 3   4   5

🙂 🙁

●   ① 2   3   4   5

8.

● ● ●   1   2   3   4   5

🙂 🙁

● ● ●   1   2   3   4   5

9.

● ● ● ●   1   2   3   4   5

🙂 🙁

● ● ●   1   2   3   4   5

Logique numérale M-18

Compte. Entoure le chiffre.

Colorie 😊 si c'est identique. Colorie 🙁 si ce n'est pas identique.

10.

   1   2   3   4   5

1   2   3   4   5

11.

1   2   3   4   5

1   2   3   4   5

12.

   1   2   3   4   5

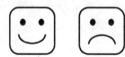

1   2   3   4   5

LNM-19 Plus grand que (correspondance)

☐ Fais correspondre en dessinant une ligne.
☐ Colorie le ☼ sur le côté qui en contient **plus**.

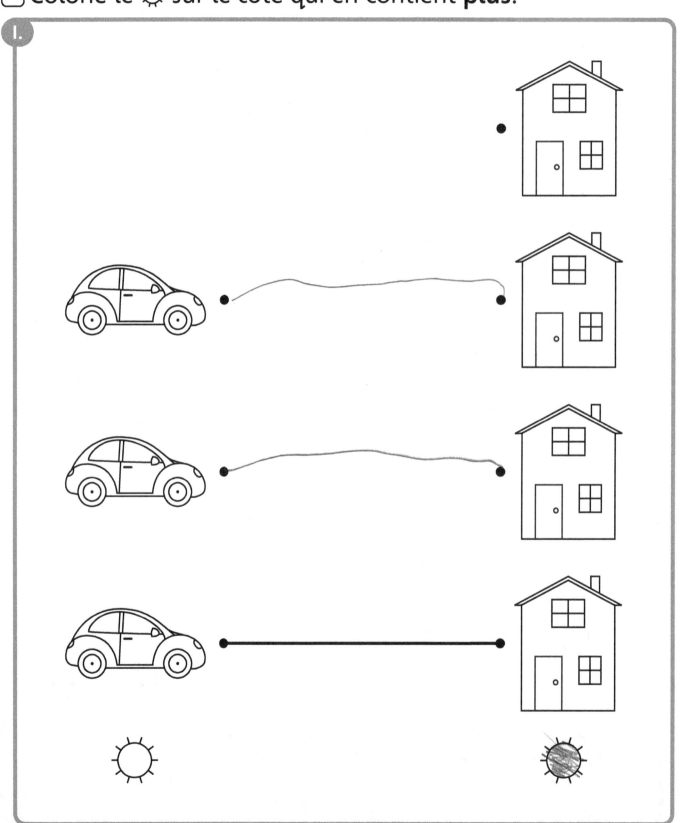

1.

☐ Fais correspondre en dessinant une ligne.

☐ Colorie le ☼ sur le côté qui en contient plus.

2.

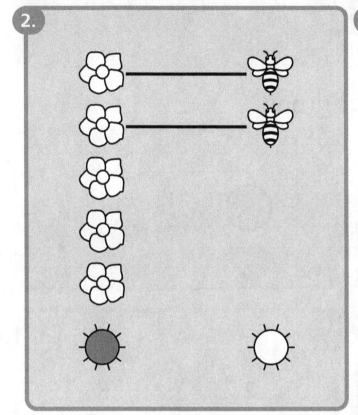

3.

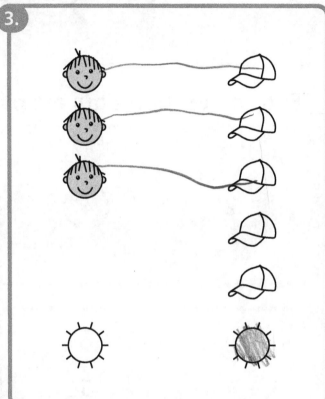

4.

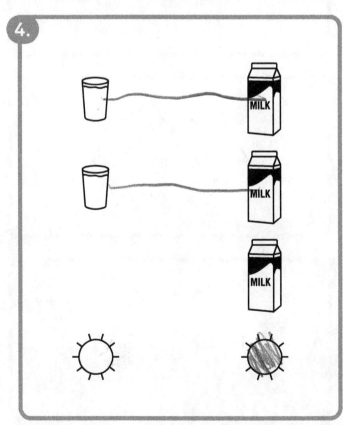

5.

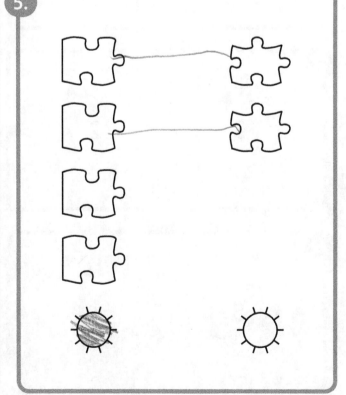

LNM-20 Plus grand que (comptage)

$$1 \quad 2 \quad 3 \quad 4 \quad 5$$

☐ Entoure le chiffre qui est **plus grand**.

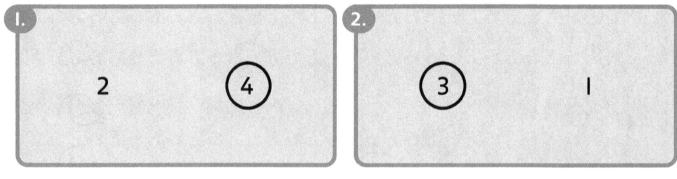

1.
2   ④

2.
③   1

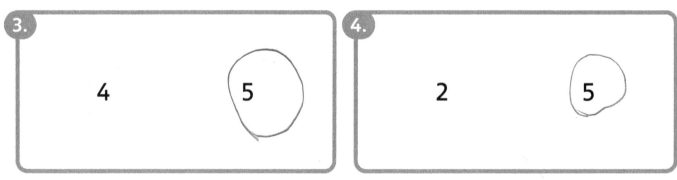

3.
4   ⑤

4.
2   ⑤

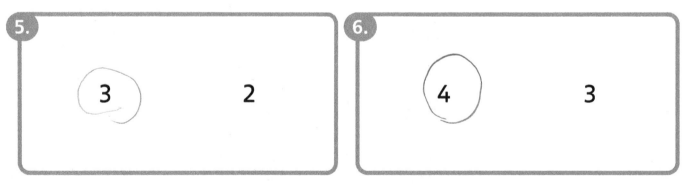

5.
③   2

6.
④   3

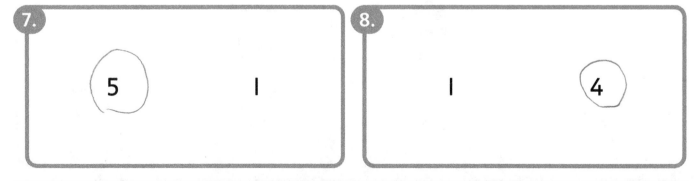

7.
⑤   1

8.
1   ④

☐ Compte. Entoure le chiffre.
☐ Colorie le ☼ pour le chiffre qui est plus grand.

9.

   1   2   ③   4   5

   1   2   3   ④   5

10.

   1   2   ③   4   5

   1   ②   3   4   5

11.

   1   2   3   4   ⑤

   1   2   ③   4   5

☐ Compte. Entoure le chiffre.
☐ Colorie le ☼ pour le chiffre qui est plus grand.

I2.

   I   2   3   4   5

     I   2   3   4   5

I3.

   I   2   3   4   5

     I   2   3   4   5

I4.

     I   2   3   4   5

   I   2   3   4   5

Logique numérale M-20

LNM-21 Moins que (correspondance)

☐ Colorie le ☼ pour le groupe qui en contient **moins**.

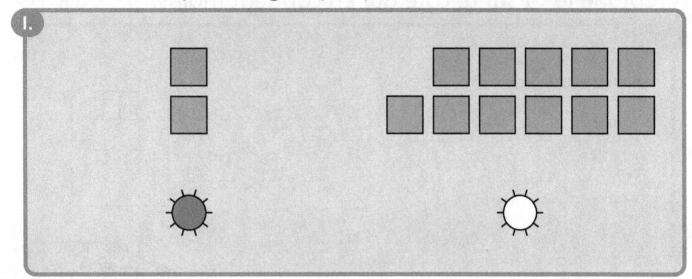

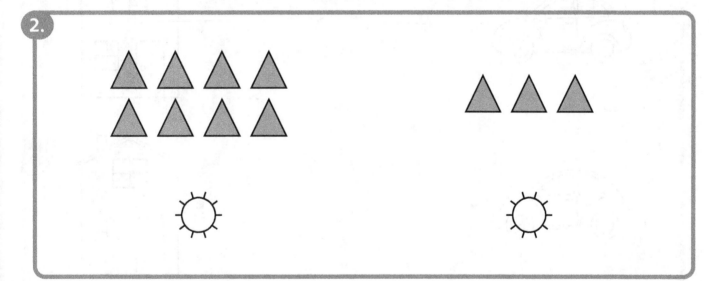

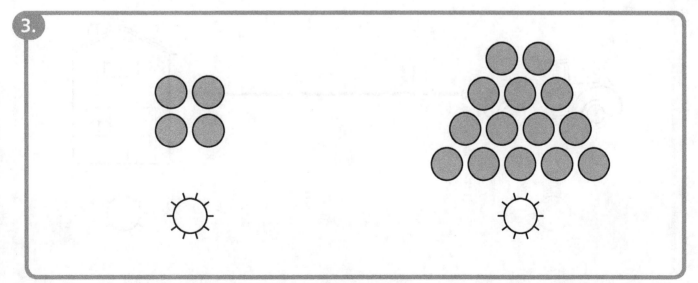

□ Fais correspondre en dessinant une ligne.

□ Colorie le ☼ sur le côté qui en contient moins.

4.

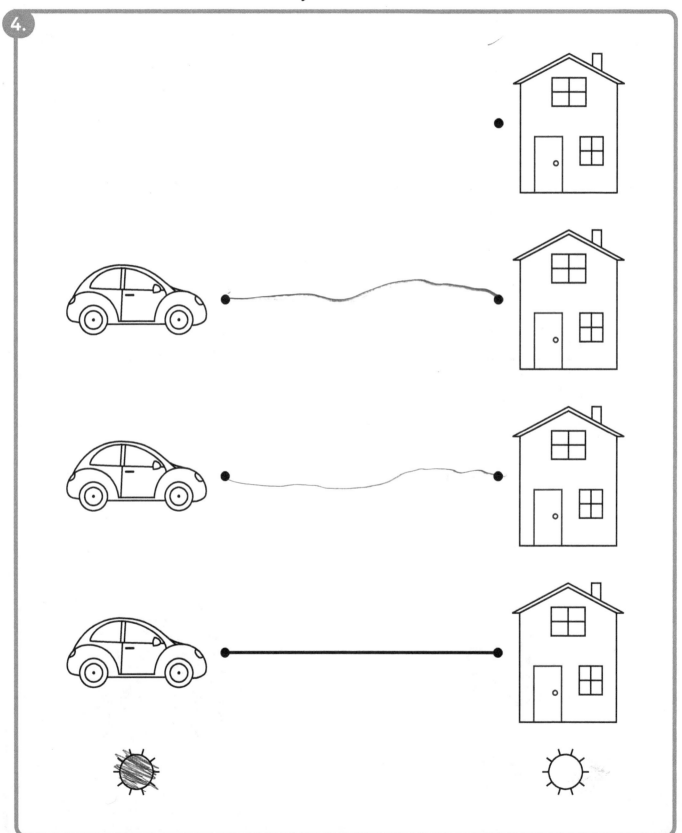

☐ Fais correspondre en dessinant une ligne.
☐ Colorie le ☼ sur le côté qui en contient moins.

5.

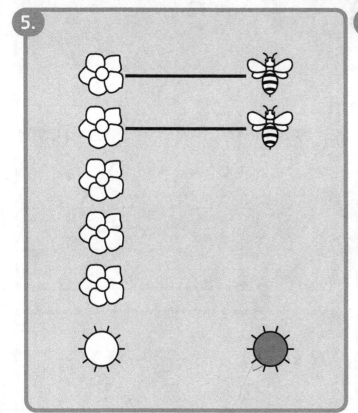

6.

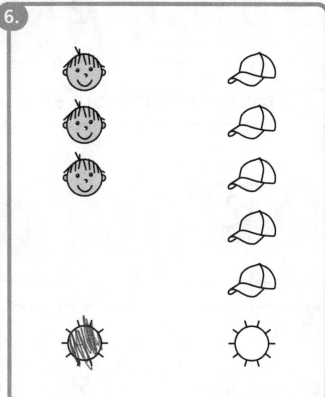

7.

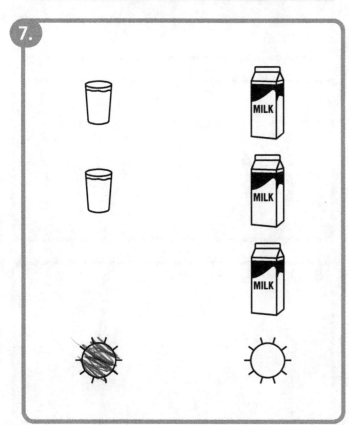

8.

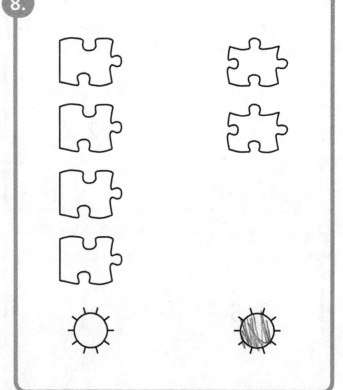

$$1 \quad 2 \quad 3 \quad 4 \quad 5$$

☐ Entoure le chiffre qui est **moins**.

1.

②   4

2.

3   ①

3.

④   5

4.

②   5

5.

3   ②

6.

4   ③

7.

5   ①

8.

①   4

☐ Compte. Entoure le chiffre.
☐ Colorie le ☼ pour le chiffre qui est moins.

9.

   1   2   ③   4   5

   1   2   3   ④   5

10.

○○○   1   2   ③   4   5   ☼

○○   1   ②   3   4   5

11.

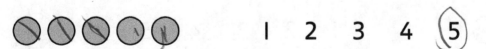   1   2   3   4   ⑤   ☼

○○○   1   2   ③   4   5

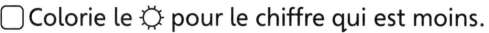Compte. Entoure le chiffre.
Colorie le ☼ pour le chiffre qui est moins.

12.

 1 2 3 4 5

○ 1 2 3 4 5 ☼

13.

 1 2 3 4 5 ☼

○○○○○ 1 2 3 4 5 ☼

14.

○○ 1 2 3 4 5 ☼

○○○○ 1 2 3 4 5 ☼

Logique numérale M-22

LNM-23 **Zéro**

☐ Colorie le ☼ pour montrer lequel est 0.

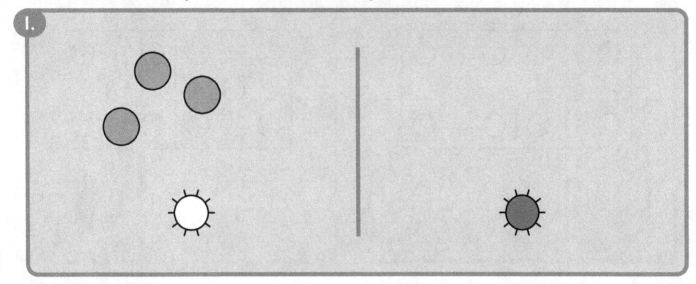

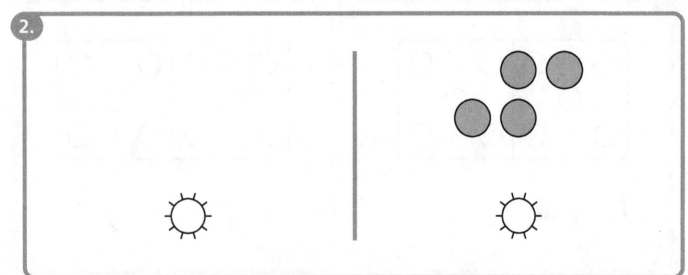

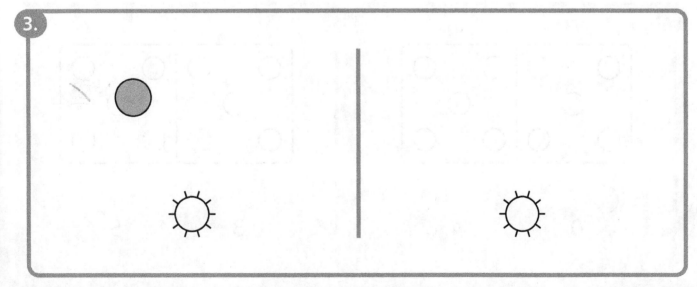

☐ Colorie les points pour montrer les chiffres.

4.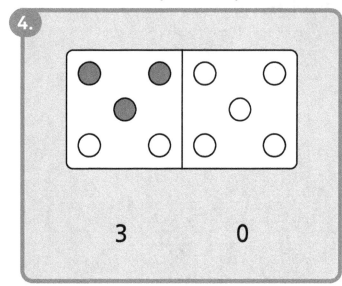

3   0

5.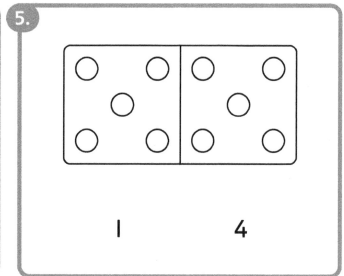

I   4

6.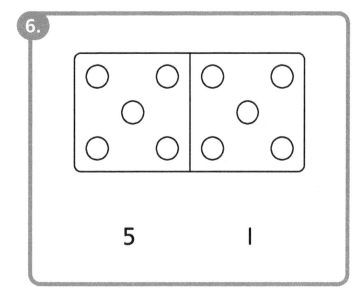

5   I

7.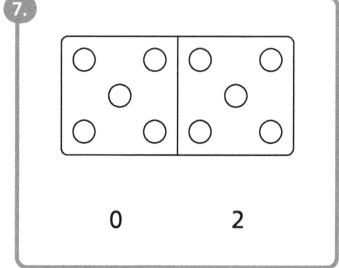

0   2

8.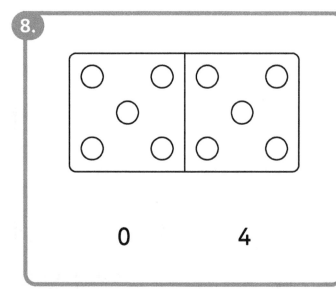

0   4

9.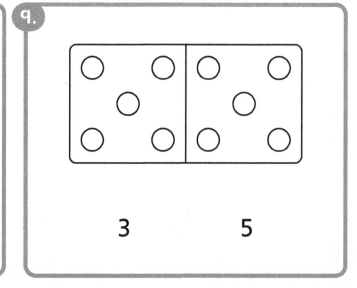

3   5

$$0 \quad 1 \quad 2 \quad 3 \quad 4 \quad 5$$

⬜ Entoure le chiffre qui est **moins**.

10.

2   ⓪

11.

0   4

12.

0   1

13.

3   1

14.

4   0

15.

2   5

16.

4   5

17.

3   0

18.

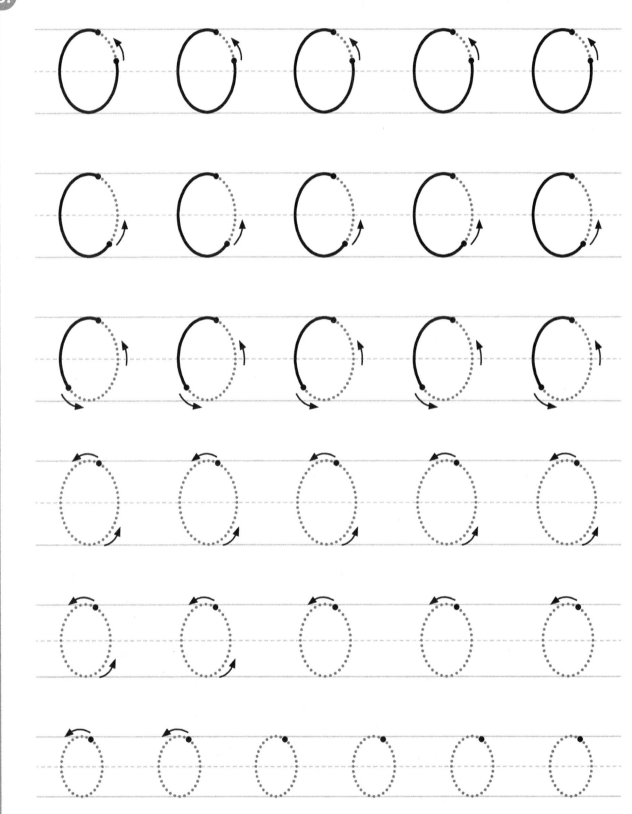

LNM-24 **Comparaison des chiffres de 1 à 5**

☐ Colorie pour montrer les chiffres.
☐ Fais correspondre.

1.

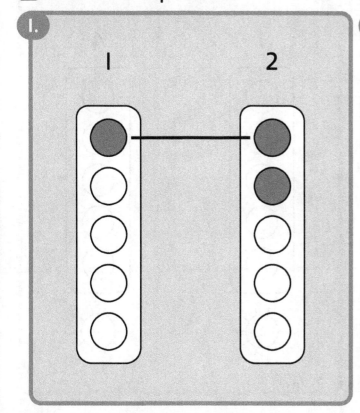

2.

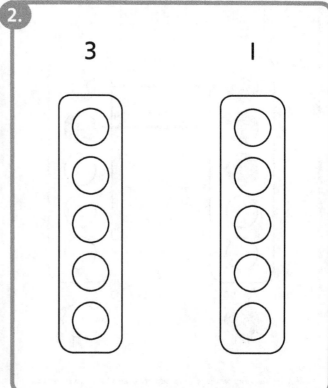

3.

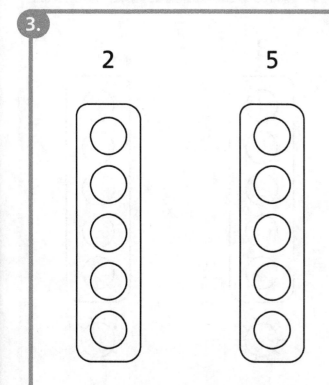

4.

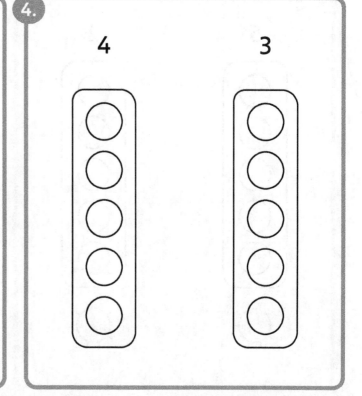

Colorie pour montrer les chiffres. Fais correspondre.

Colorie le ☼ pour le chiffre qui est plus grand.

5.

3   2

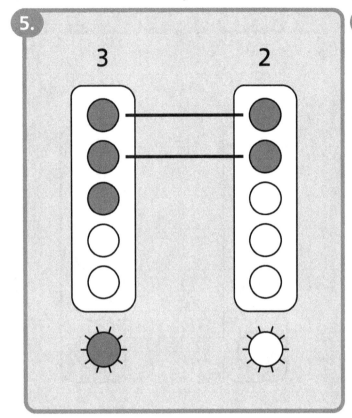

6.

1   4

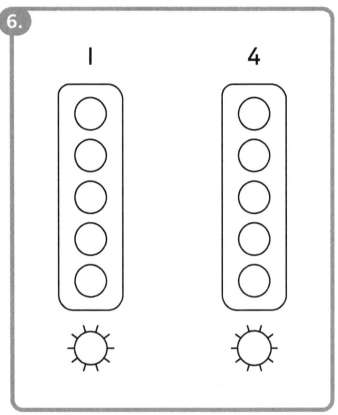

7.

5   2

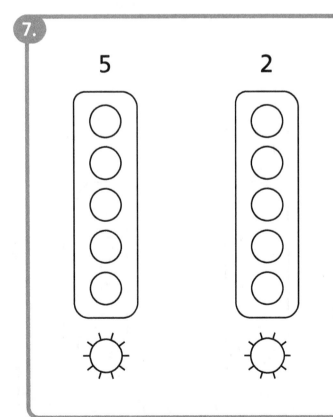

8.

3   5

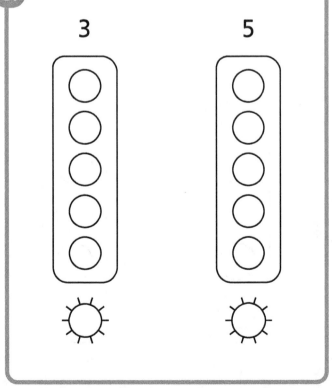

Logique numérale M-24

☐ Colorie pour montrer les chiffres. Fais correspondre.
☐ Colorie le ☼ pour le chiffre qui est moins.

9.

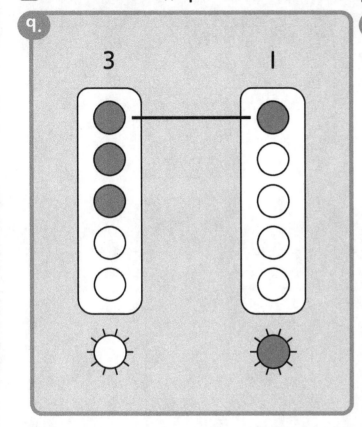

10.

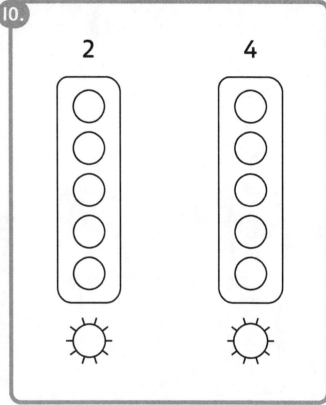

11.

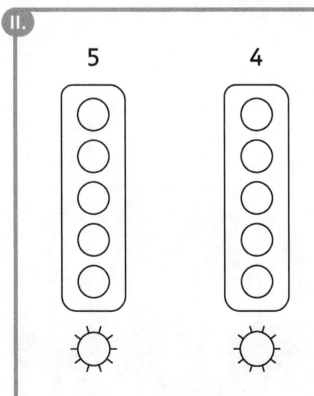

12.

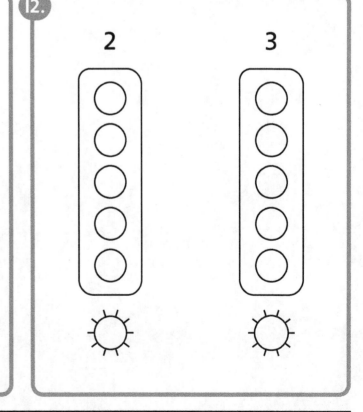

GM-I Comptage jusqu'à 30

☐ Trace.

1.

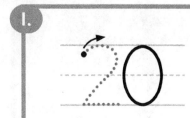 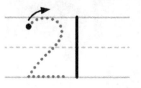 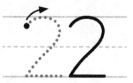

 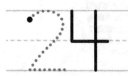 

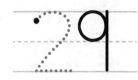 

2.

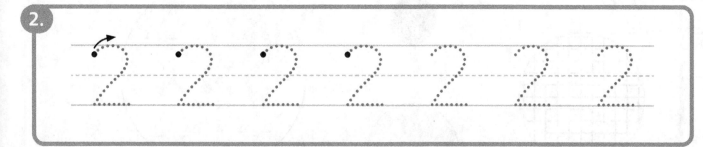

☐ Écris 2.

3.

GM-2 Cercles

☐ Compte les ◯.

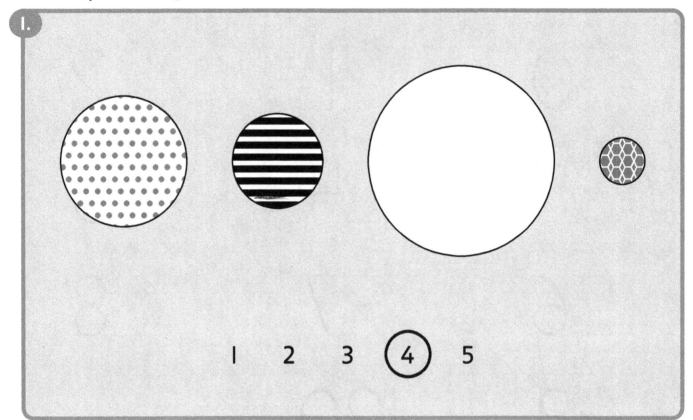

1   2   3   ④   5

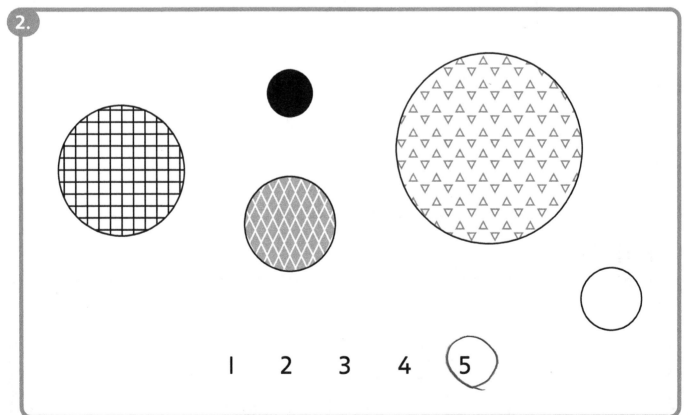

1   2   3   4   ⑤

☐ Colorie les ◯.
☐ Dessine un ✕ sur les autres formes.

3.

4.

☐Colorie les ◯.
☐Dessine un ✕ sur les autres formes.

5.

6.

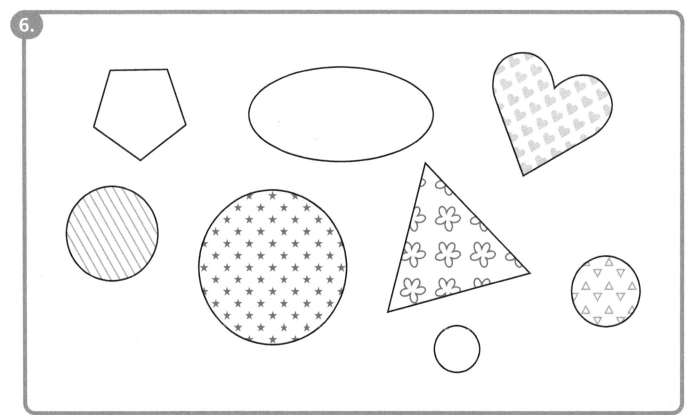

Géométrie M-2

GM-3 Carrés

☐ Compte les ☐.

1.

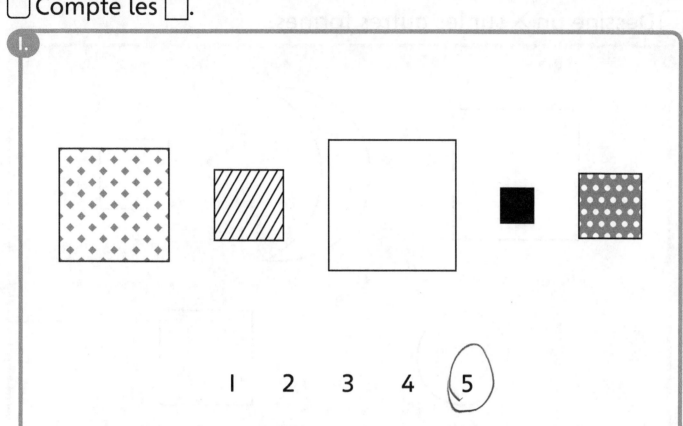

1   2   3   4   ⑤

2.

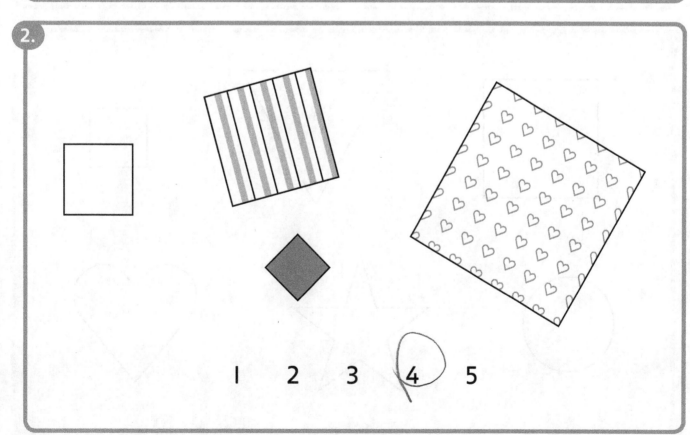

1   2   3   ④   5

☐ Colorie les ☐.
☐ Dessine un ✕ sur les autres formes.

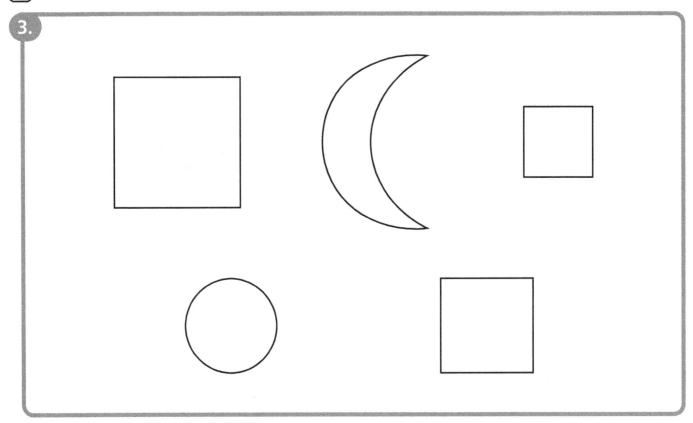

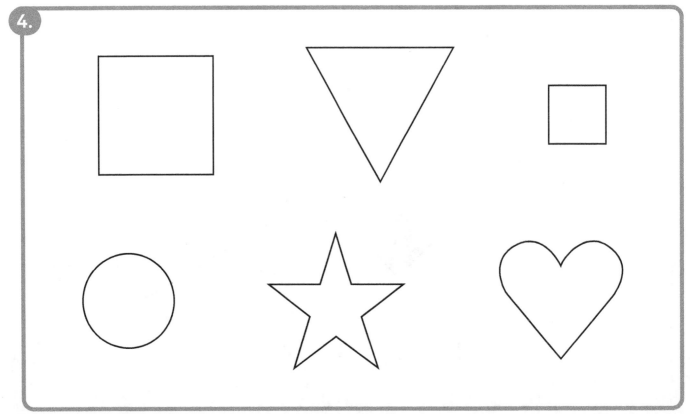

☐ Colorie les ☐.
☐ Dessine un ✕ sur les autres formes.

5.

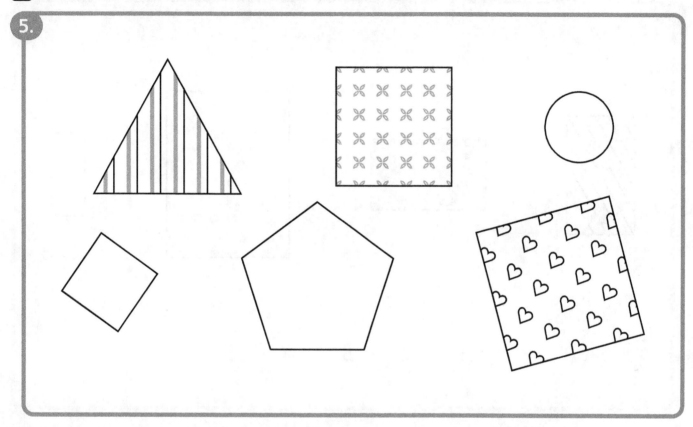

6.

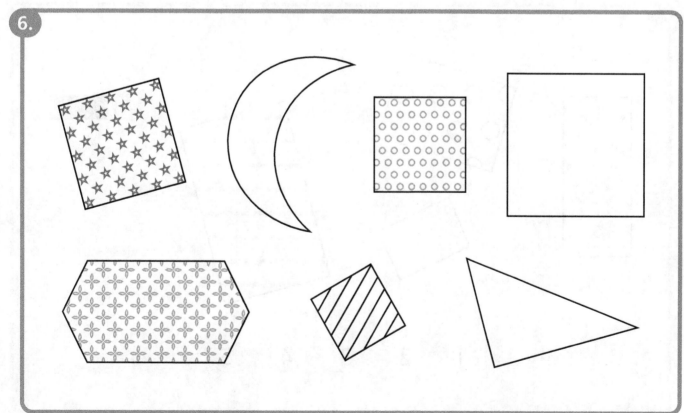

GM-4 Rectangles

☐ Compte les ☐.

1.

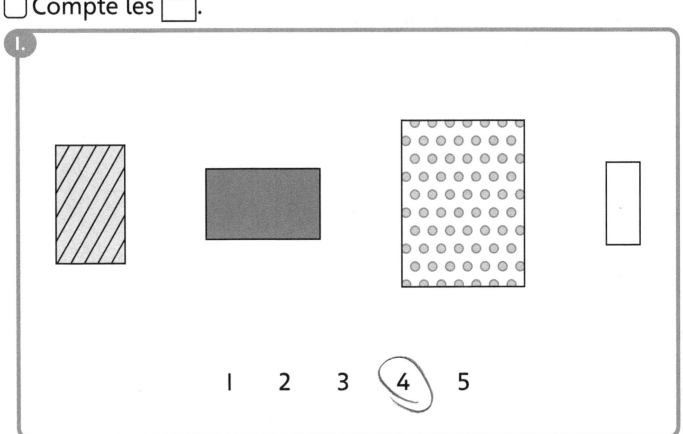

1   2   3   ④   5

2.

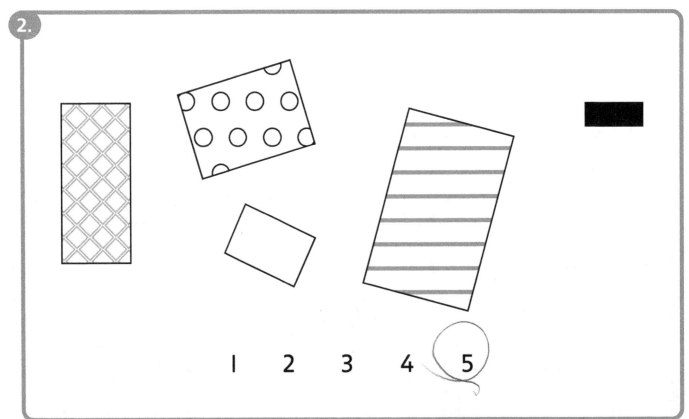

1   2   3   4   ⑤

☐ Colorie les ☐ .
☐ Dessine un ✕ sur les autres formes.

3.

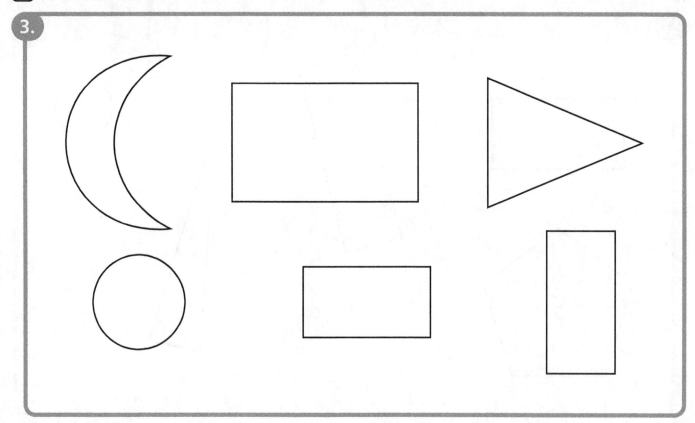

4.

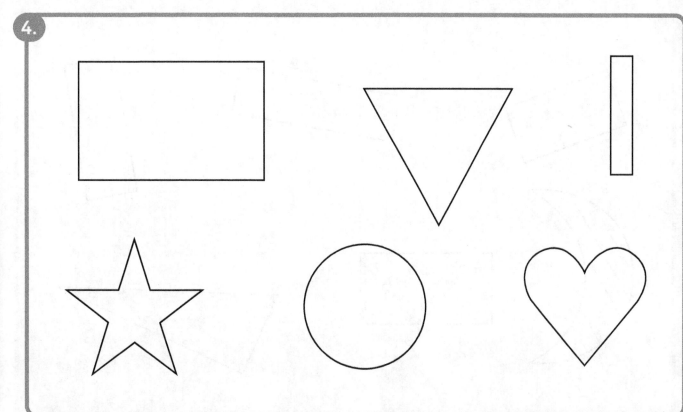

Colorie les ▢.
Dessine un ✕ sur les autres formes.

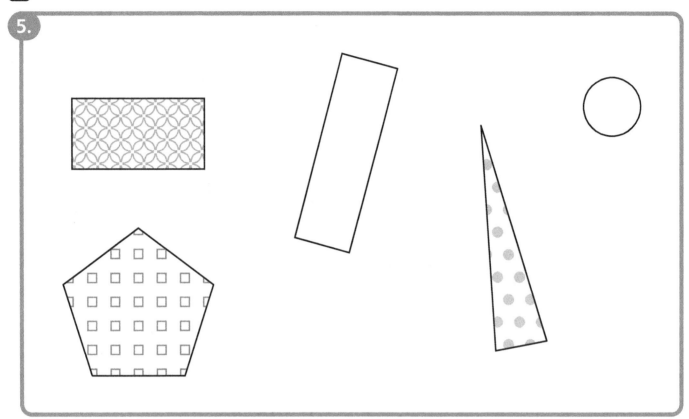

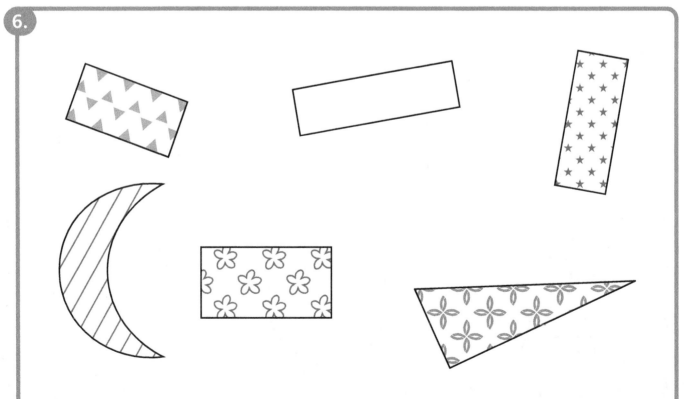

GM-5 Coins et côtés

☐ Dessine un ● sur chaque coin.

1.

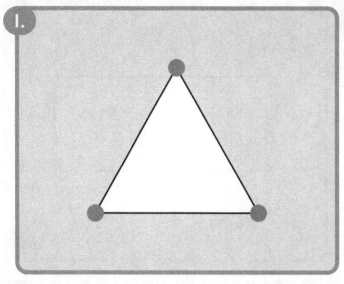

2.

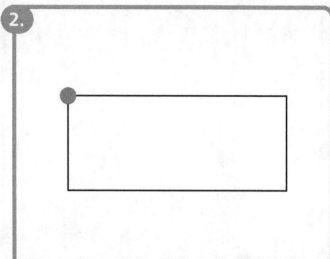

3.

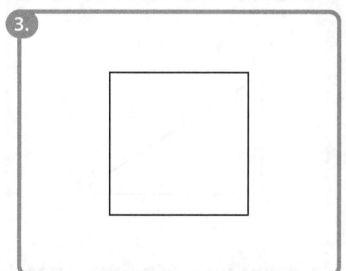

4.

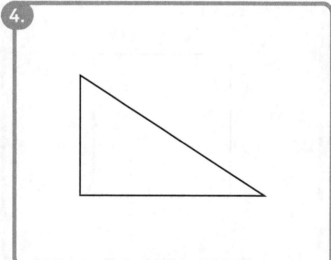

5.

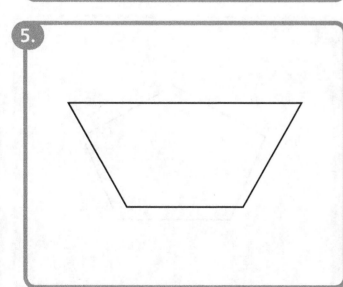

6.

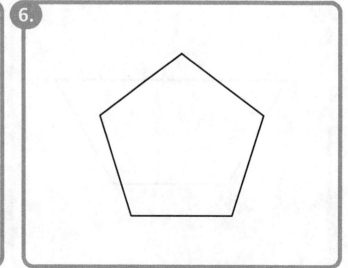

☐ Colorie les côtés .

7.

8.

9.

10.

11.

12.

GM-6 Comptage des coins et des côtés

☐ Dessine un ● sur chaque coin.
☐ Compte les coins.

I.

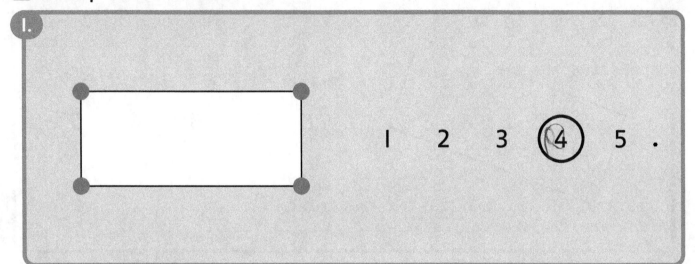

1   2   3   ④   5 .

2.

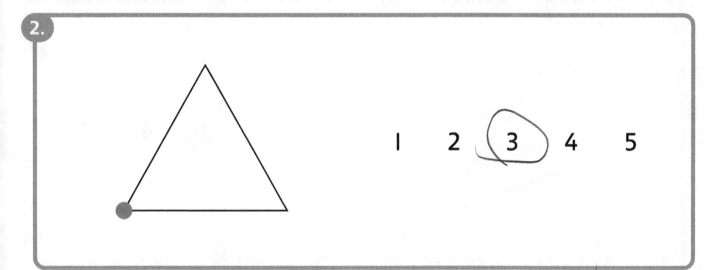

1   2   ③   4   5

3.

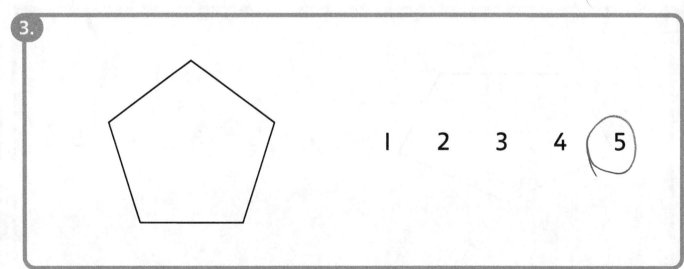

1   2   3   4   ⑤

☐ Dessine un ● sur chaque coin.
☐ Compte les coins.

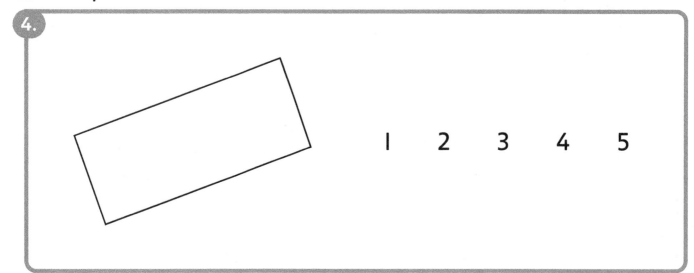

4. 1 2 3 4 5

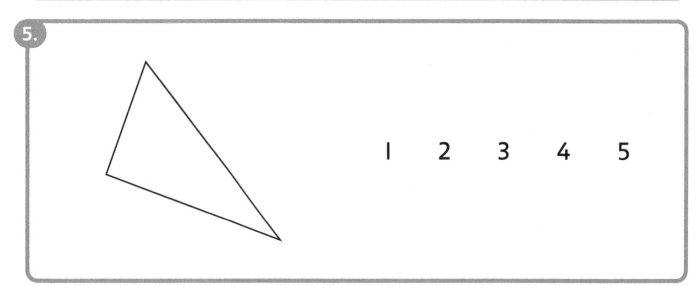

5. 1 2 3 4 5

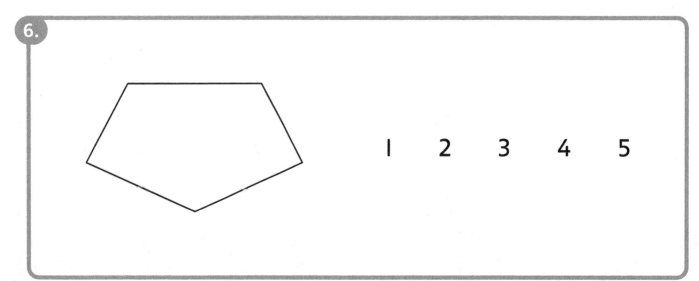

6. 1 2 3 4 5

☐ Colorie les côtés.
☐ Compte les côtés.

7.

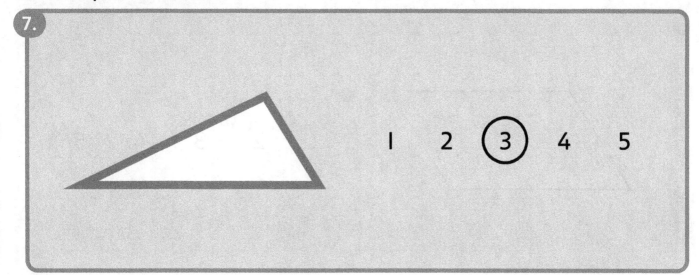

1   2   ③   4   5

8.

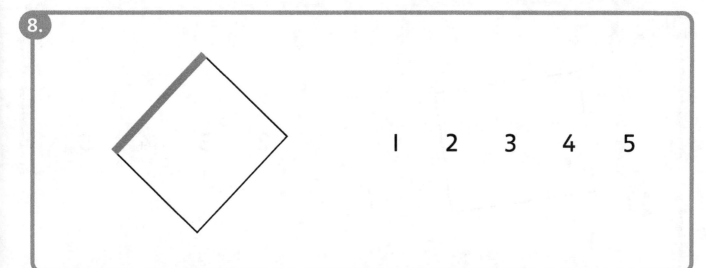

1   2   3   4   5

9.

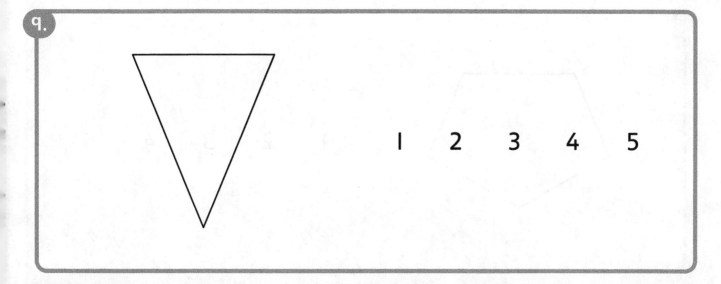

1   2   3   4   5

 Colorie les côtés .

☐ Compte les côtés.

10.

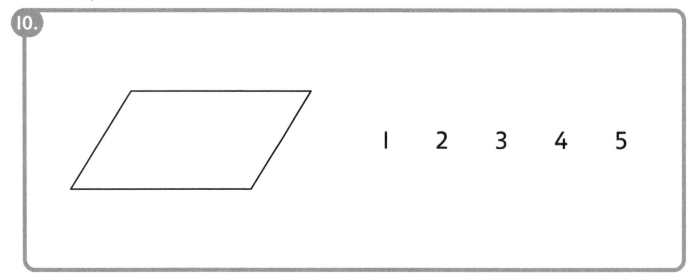

1   2   3   4   5

11.

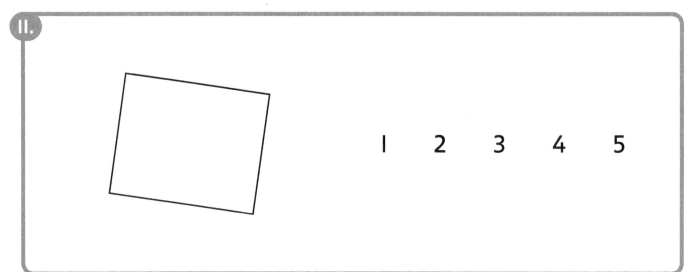

1   2   3   4   5

12.

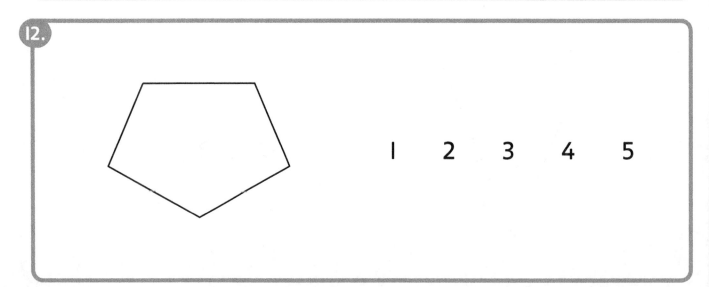

1   2   3   4   5

GM-7 Plus de carrés et de rectangles

☐ Compte les ☐.

I.

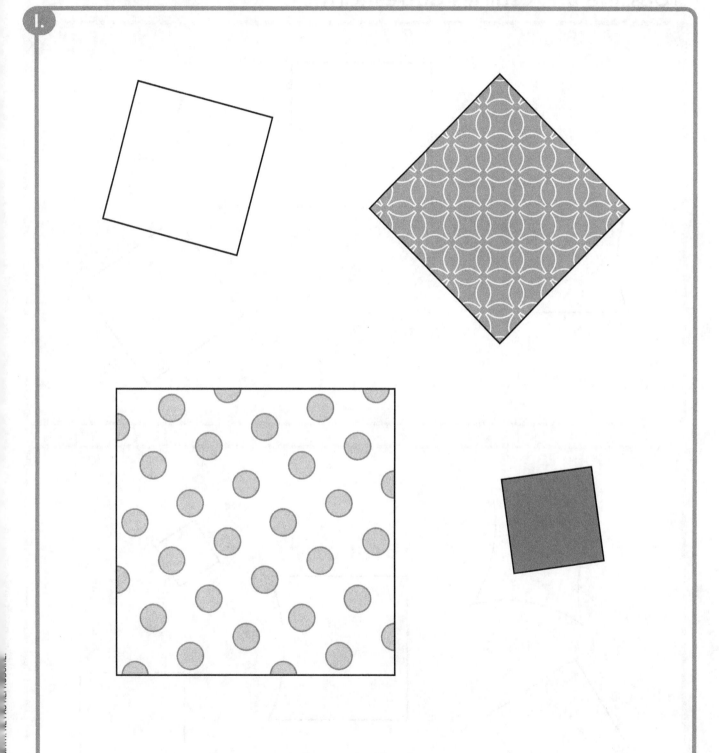

Colorie les ☐.

Dessine un ✕ sur les autres formes.

2.

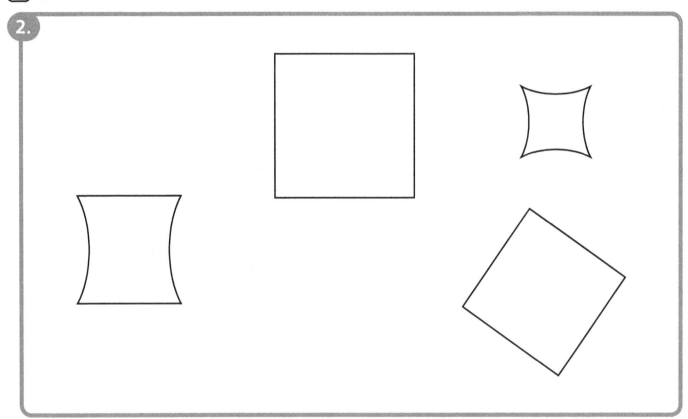

3.

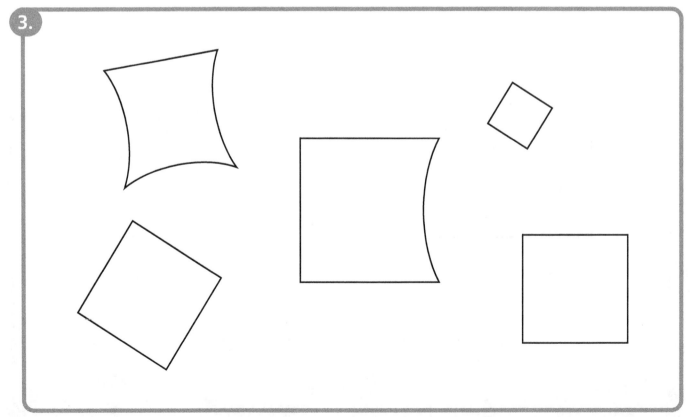

◻ Compte les ◻.

4.

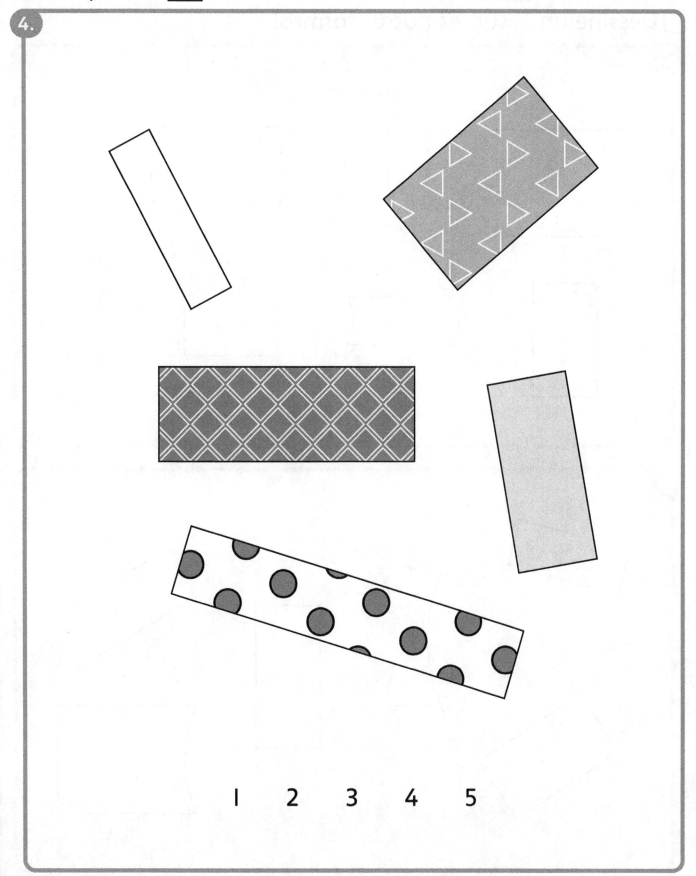

| 1   2   3   4   5

◯ Colorie les ☐ .
◯ Dessine un ✕ sur les autres formes.

5.

6.

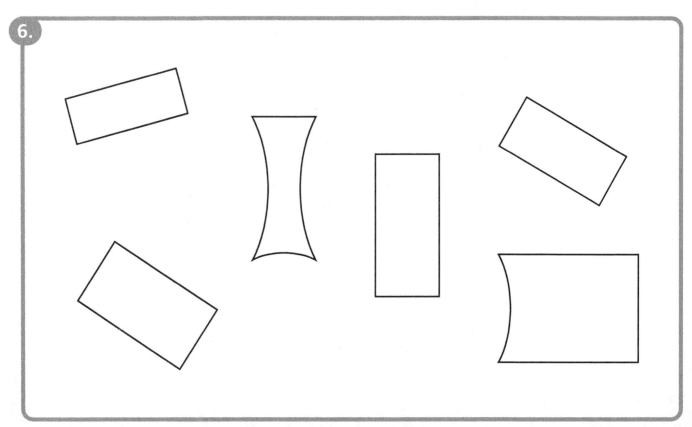

GM-8 Triangles

☐ Compte les △.

1.

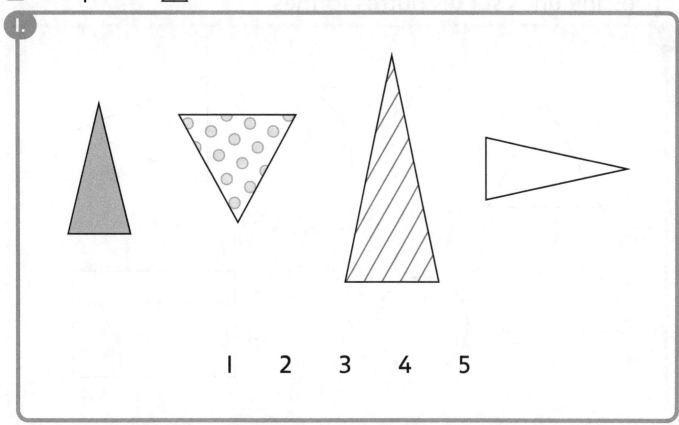

1	2	3	4	5

2.

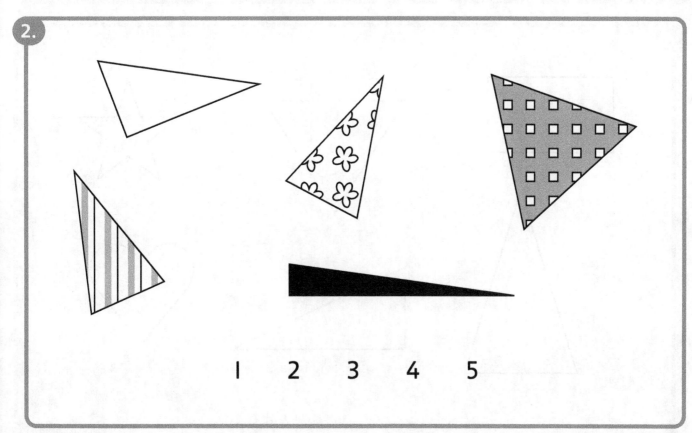

1	2	3	4	5

☐ Colorie les .
☐ Dessine un ✕ sur les autres formes.

3.

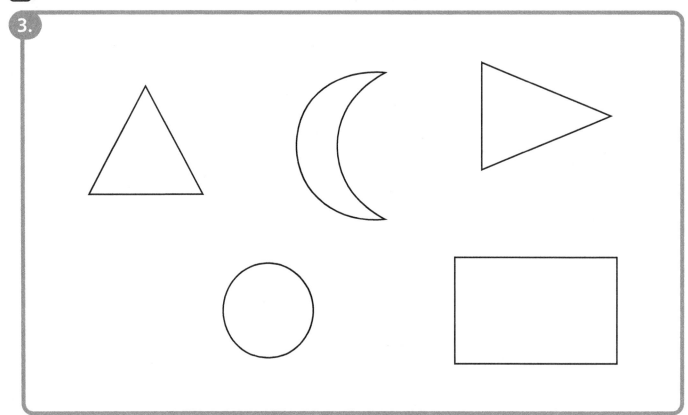

4.

◻ Colorie les △.

◻ Dessine un ✕ sur les autres formes.

5.

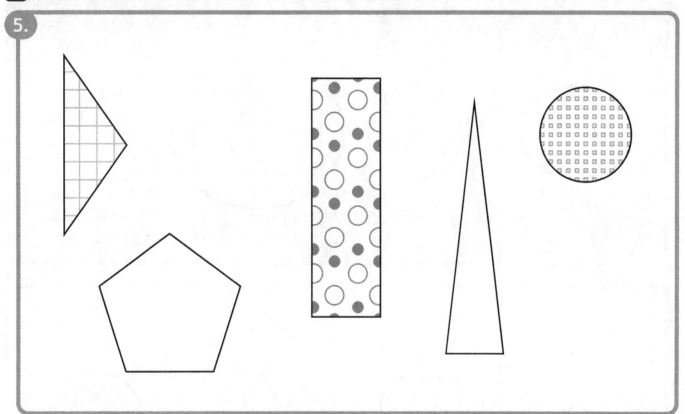

6.

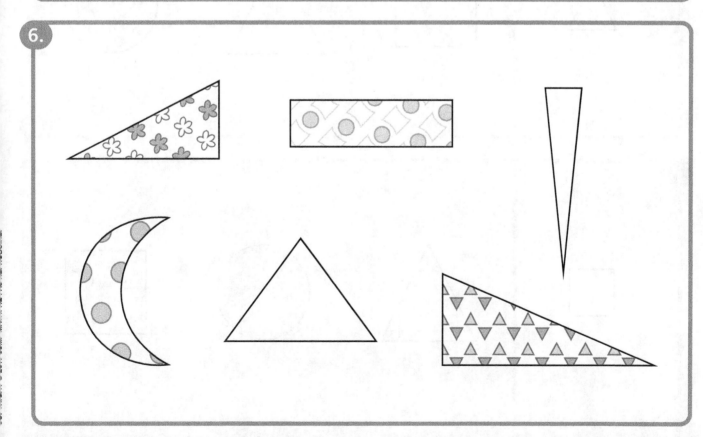

GM-9 Description et comparaison des formes

☐ Entoure les formes qui sont **identiques**.

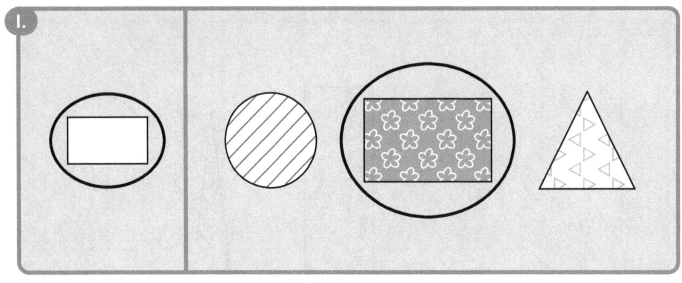

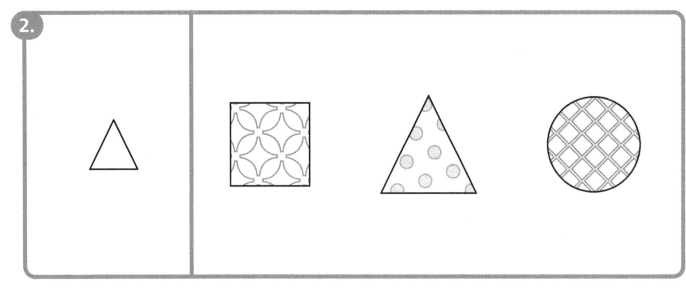

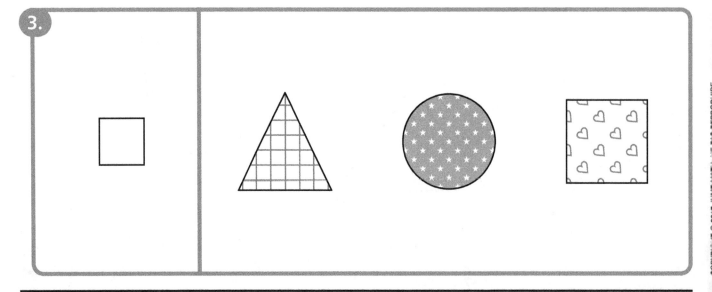

☐ Entoure les formes qui sont identiques.

4.

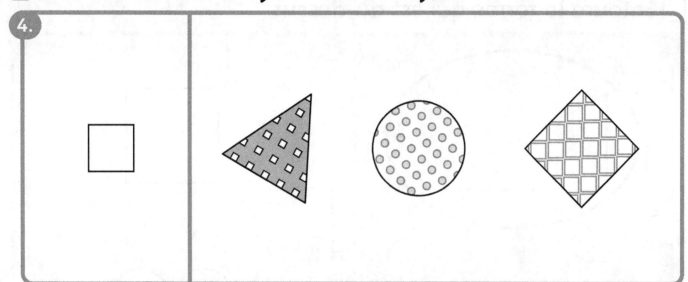

5.

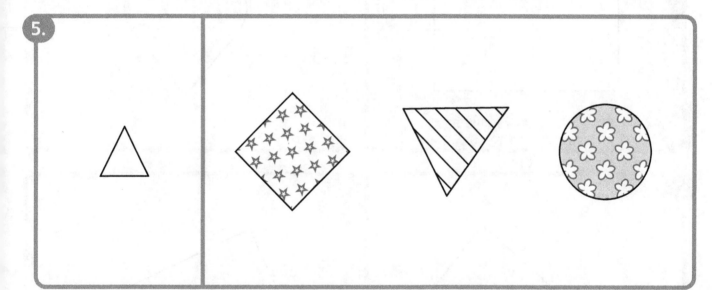

6.

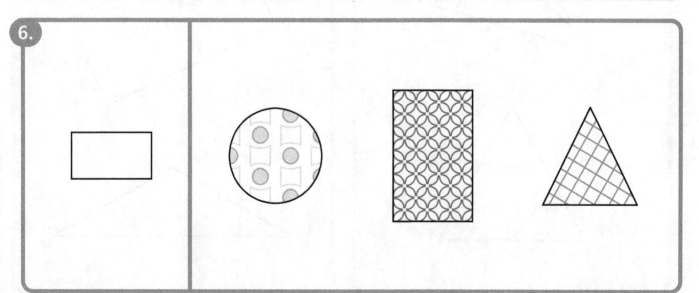

GM-10 Au-dessus de

☐ Entoure la forme qui est **au-dessus**.

1.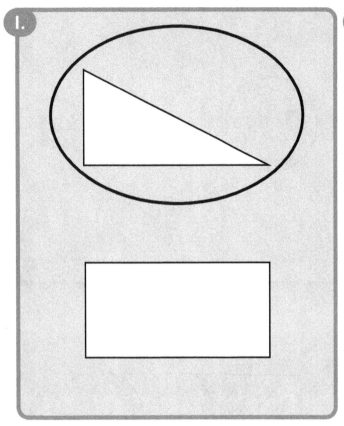

2.

3.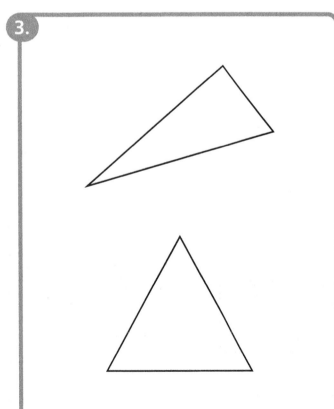

4.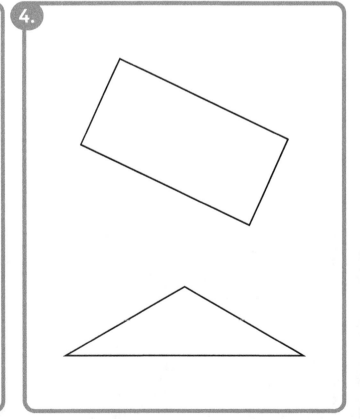

☐ Combien de formes sont au-dessus de la ligne?

5.

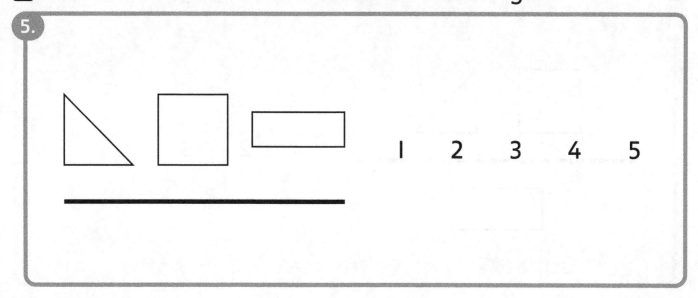

1   2   3   4   5

6.

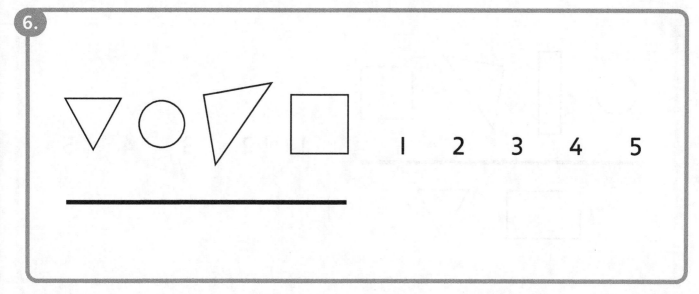

1   2   3   4   5

7.

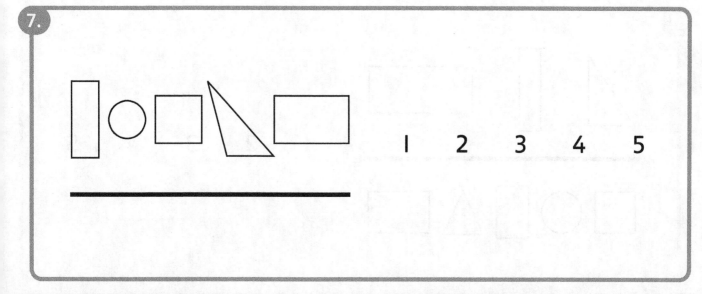

1   2   3   4   5

□ Combien de formes sont au-dessus de la ligne?

8.

1   2   3   4   5

q.

1   2   3   4   5

10.

1   2   3   4   5

GM-II **Au-dessous de**

☐ Entoure la forme qui est **au-dessous**.

1.

2.
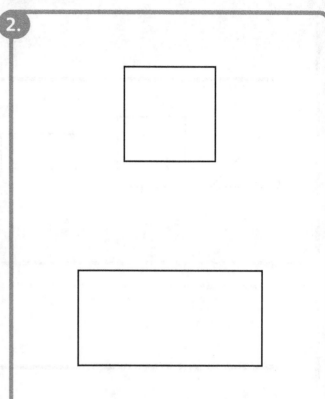

3.
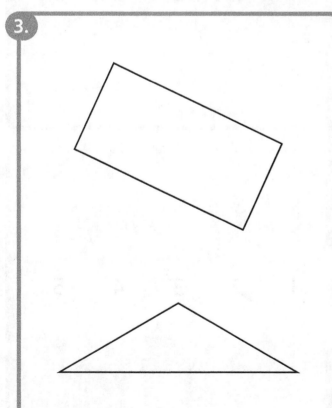

4.
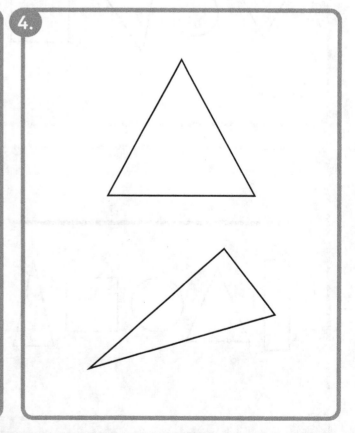

☐ Combien de formes sont au-dessous de la ligne?

5.

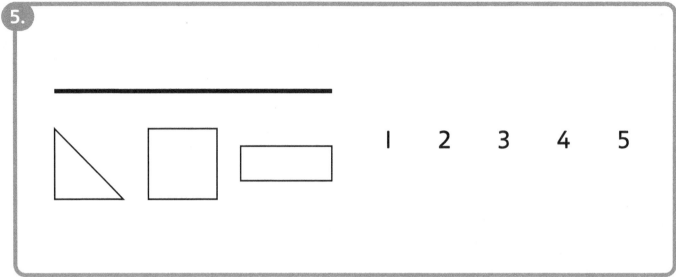

| 1 | 2 | 3 | 4 | 5 |

6.

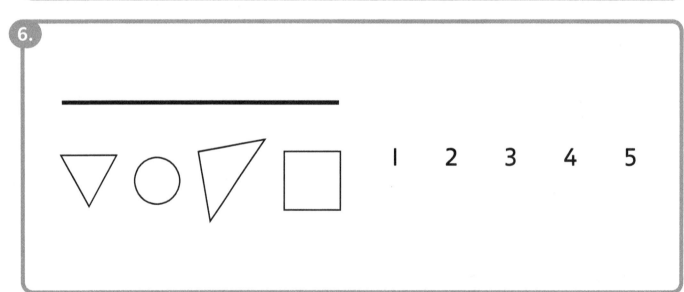

1 2 3 4 5

7.

1 2 3 4 5

☐ Combien de formes sont au-dessous de la ligne?

8.

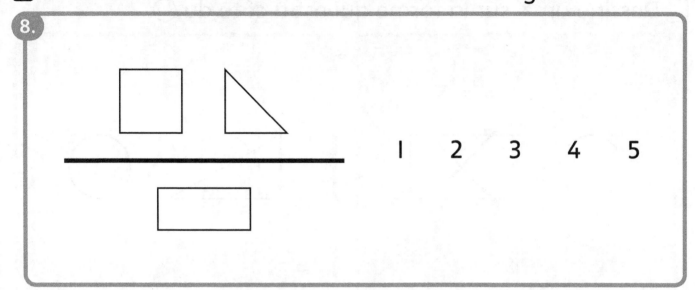

1 2 3 4 5

9.

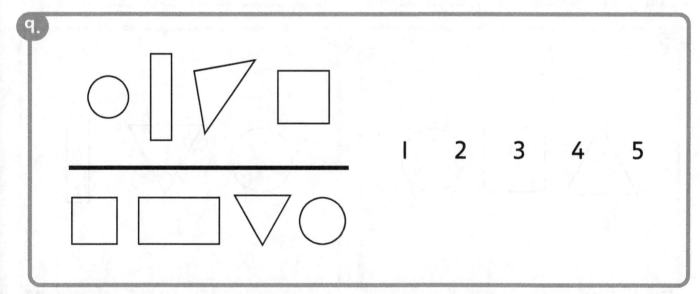

1 2 3 4 5

10.

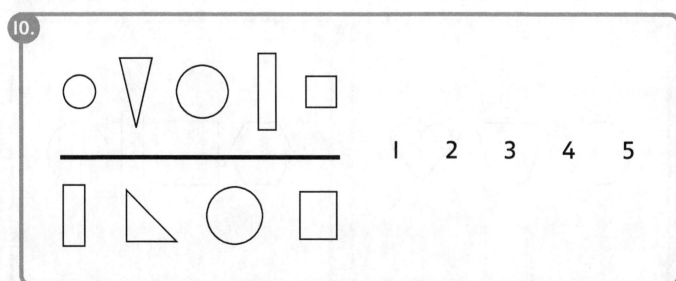

1 2 3 4 5

GM-12 Près, loin et à côté

☐ Dessine un ✕ sur la forme qui est **à côté** du ◯.

1.

2.

3.

4.

5.

6.

☐ Dessine un ✕ sur les formes qui sont à côté du ◯.

7.

8.

9.

10.

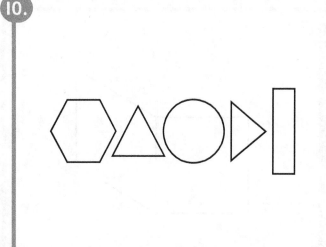

11.

12.

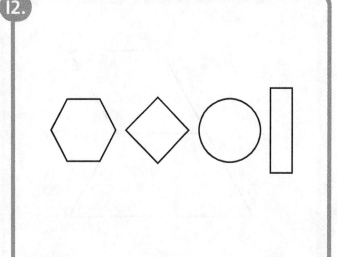

GM-13 Composition des formes

☐ Utilise **2** blocs mosaïques pour couvrir la forme.

1.

2.

3.

4.

5.

6.

☐ Utilise des blocs mosaïques pour couvrir la forme.

7.

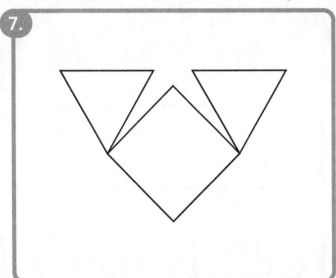

8.

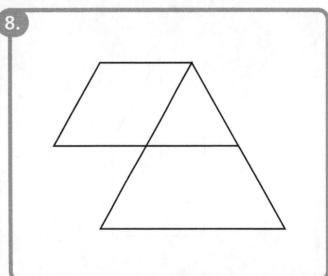

9.

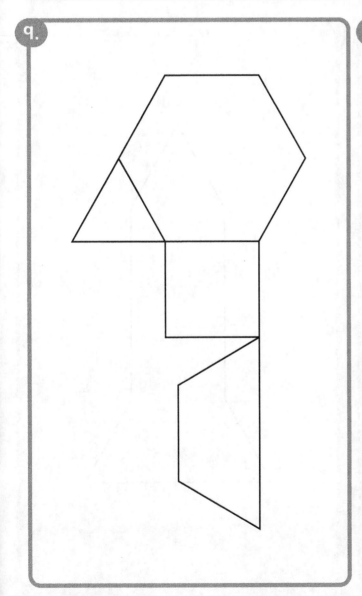

10.

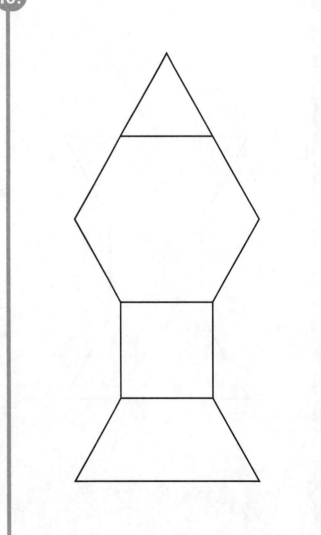

Utilise des blocs mosaïques pour couvrir la forme.

11.

12.

13.

14.

GM-I4 Décomposition des formes planes

☐ Trace des lignes pour créer des formes plus petites.

I.

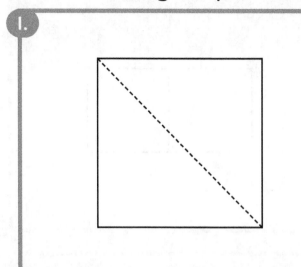

2.

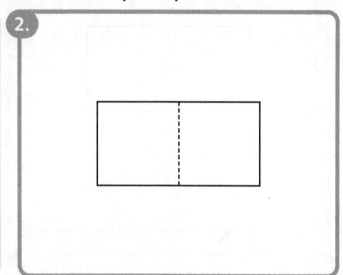

3.

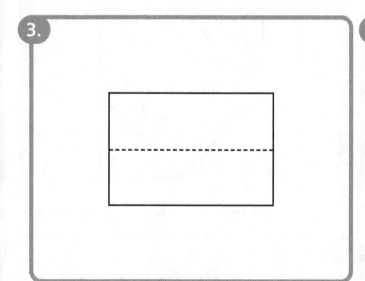

4.

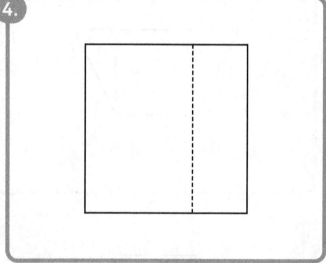

5.

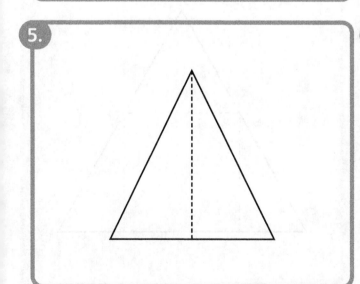

6.

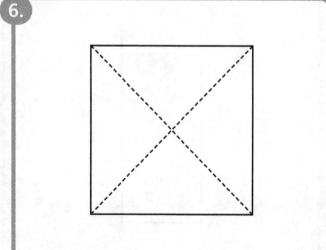

Colorie les □.

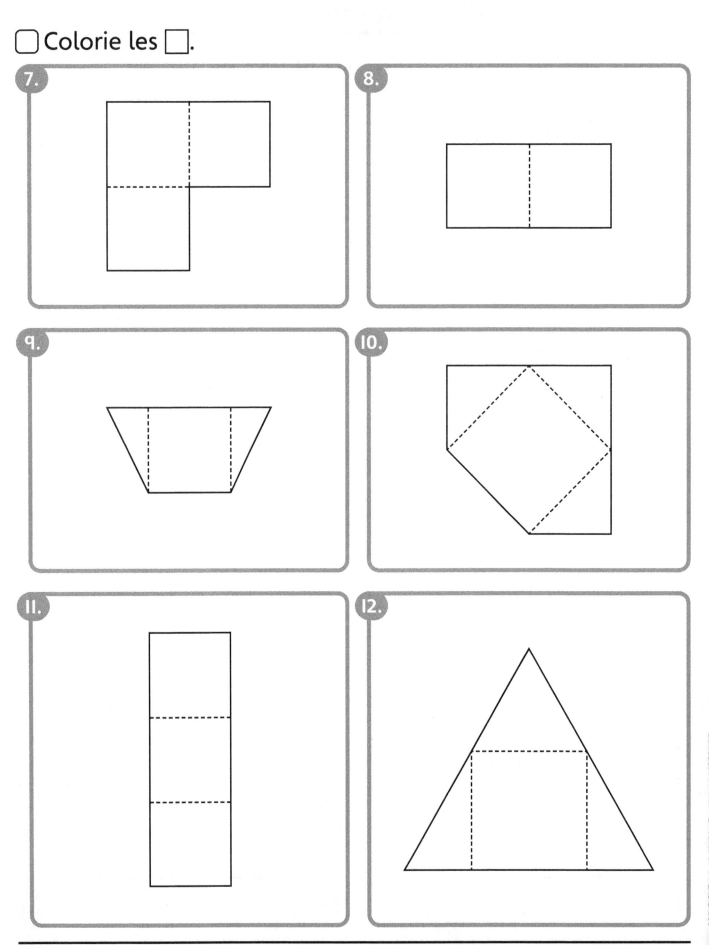

⬜ Combien y a-t-il de △ ?

13.

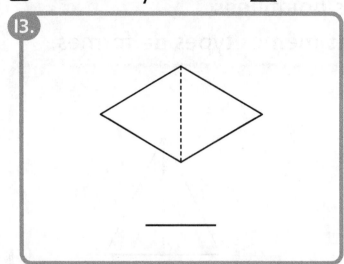

_____

14.

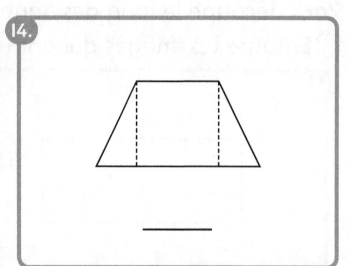

_____

15.

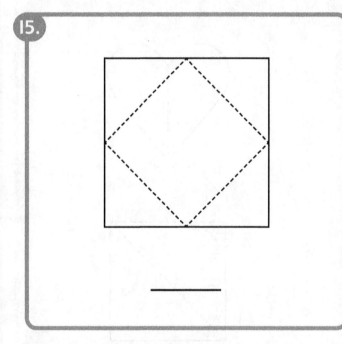

_____

16.

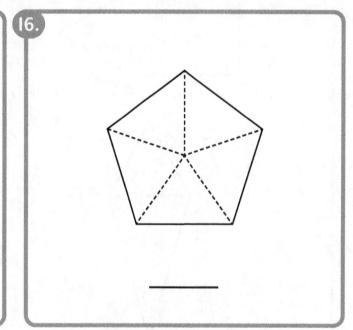

_____

17.

_____

GM-15 La symétrie dans les formes

Zack découpe le long des lignes pointillées.

☐ Entoure les images qui ont les mêmes types de formes.

I.

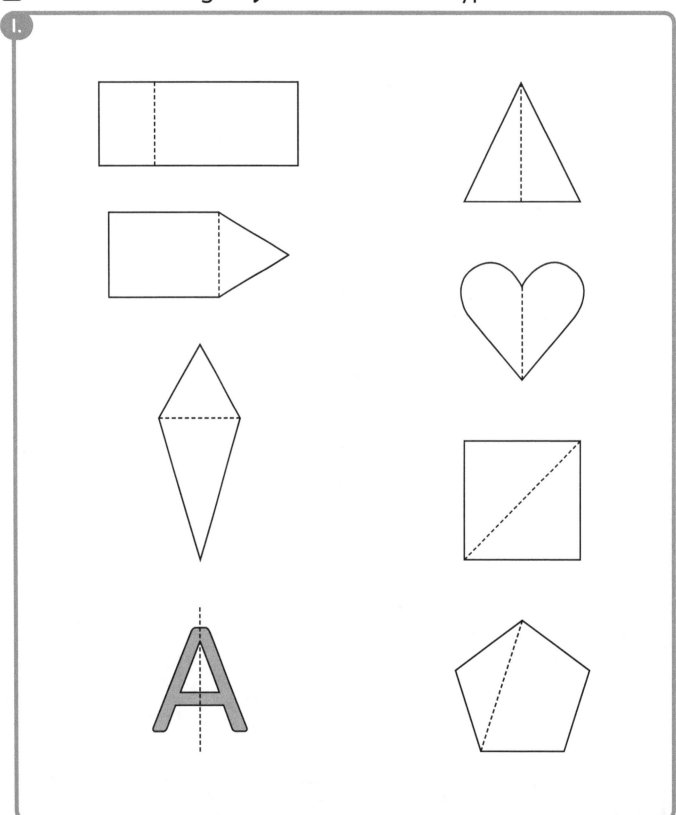

Zack découpe le long des lignes pointillées.
☐ Entoure si les 2 formes correspondent parfaitement.

2.

RAM-I **Comptage jusqu'à 40**

☐ Trace.

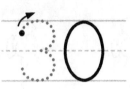  

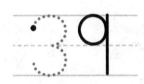 

2.

☐ Écris 3.

3.

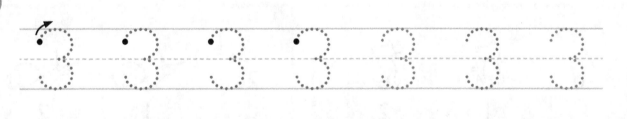

RAM-2 Nombres ordinaux

☐ Entoure le 1er ou le 2e.

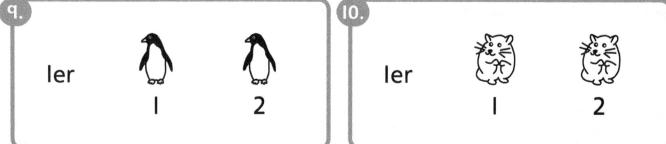

☐ Entoure le 3e, 4e ou 5e.

11.

3e

1   2   3   4   5

12.

5e

1   2   3   4   5

13.

4e

1   2   3   4   5

14.

3e

1   2   3   4   5

15.

5e

1   2   3   4   5

⬜ Entoure le Ier, 2e, 3e, 4e ou 5e.

16.

2e

| 1 | 2 | 3 | 4 | 5 |

17.

4e

| 1 | 2 | 3 | 4 | 5 |

18.

3e

| 1. 1 | 2 | 3 | 4 | 5 |

19.

5e

| 1 | 2 | 3 | 4 | 5 |

20.

Ier

| 1 | 2 | 3 | 4 | 5 |

Les régularités et l'algèbre M-2

RAM-3 Régularités en mouvement

☐ Entoure l'action qui vient après.

1.

2.

3.

Entoure l'action qui vient après.

4.

5.

☐ Entoure l'action qui vient après.

6.

7.

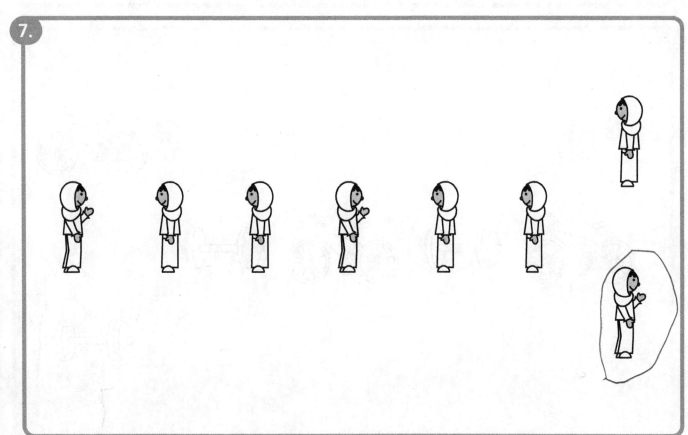

Les régularités et l'algèbre M-3

RAM-4 **Régularités avec des objets**

☐ Entoure l'objet qui vient après.

I.

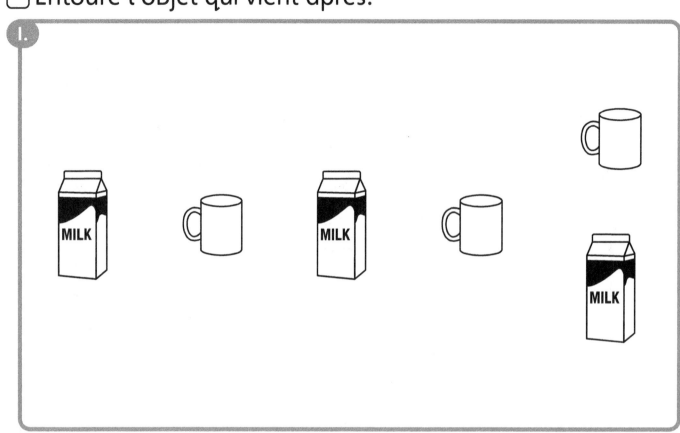

2.

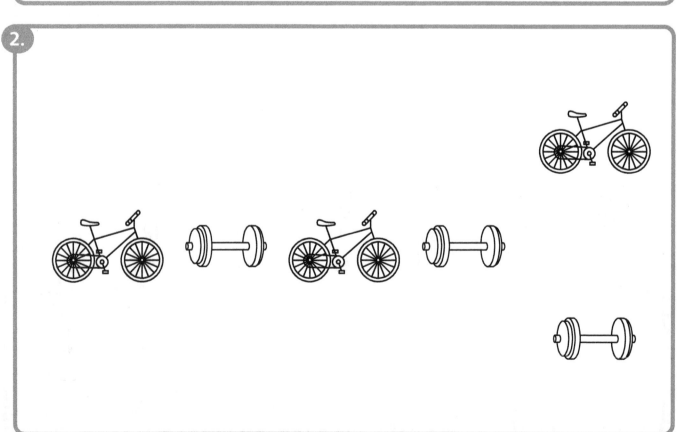

☐ Entoure l'objet qui vient après.

3.

4.

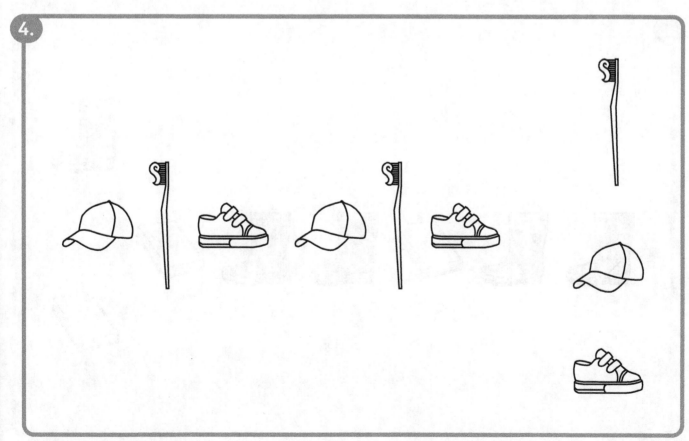

◻ Entoure l'objet qui vient après.

5.

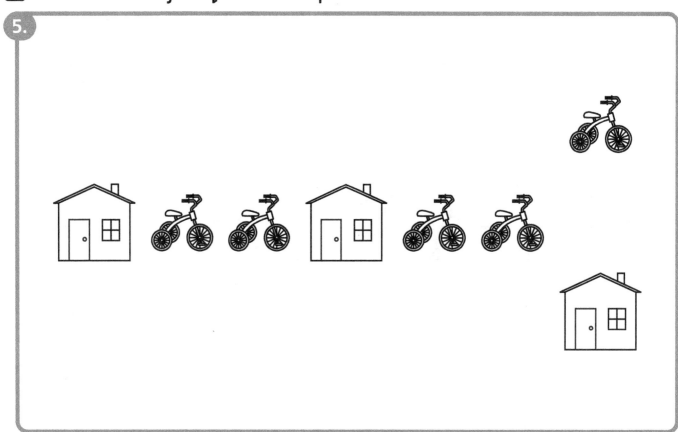

6.

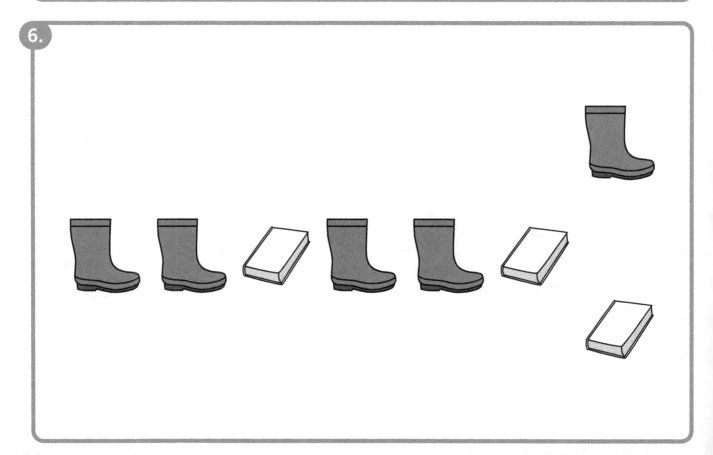

Les régularités et l'algèbre M-4

RAM-5 Régularités avec des images

☐ Souligne tous les noyaux.

I.

2.

3.

4.

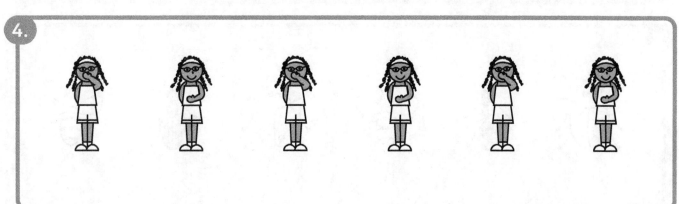

☐ Souligne tous les noyaux.

5.

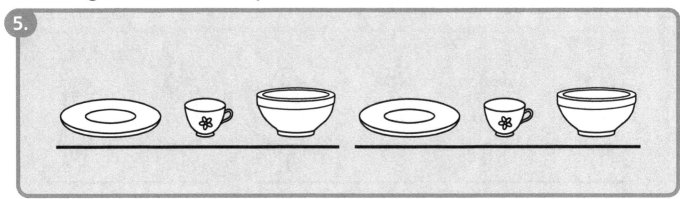

6.

7.

8.

☐ Souligne tous les noyaux.

9.

10.

11.

12.

☐ Souligne tous les noyaux.

13.

14.

15.

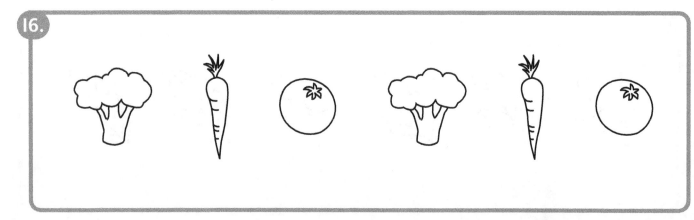

16.

Les régularités et l'algèbre M-5

RAM-6 **Création de régularités**

☐ Colorie le noyau avec 2 couleurs.
☐ Répète la régularité.
☐ Souligne tous les noyaux.

I.

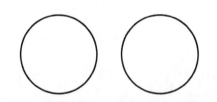

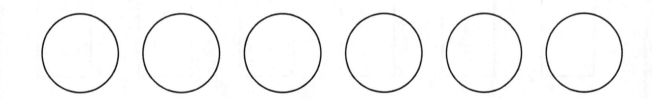

2.

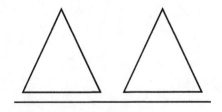

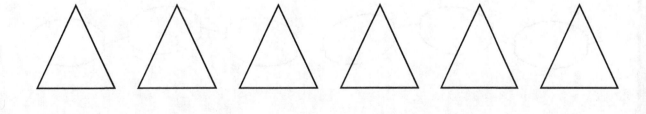

☐ Colorie le noyau avec 3 couleurs.
☐ Répète la régularité.
☐ Souligne tous les noyaux.

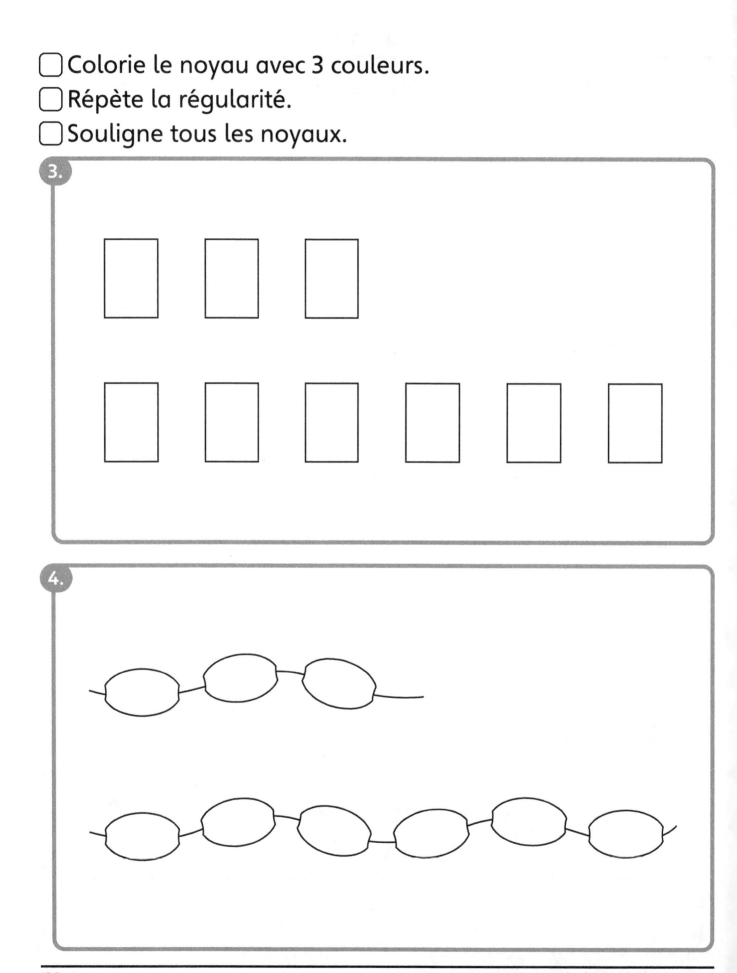

Les régularités et l'algèbre M-6

LNM-25 Comptage jusqu'à 50

☐ Trace.

1.

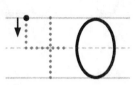  

 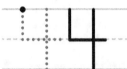 

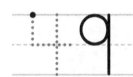

2.

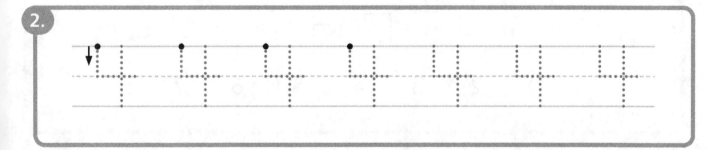

☐ Écris 4.

3.

Combien?

☐ Compte. Entoure le chiffre.

1.

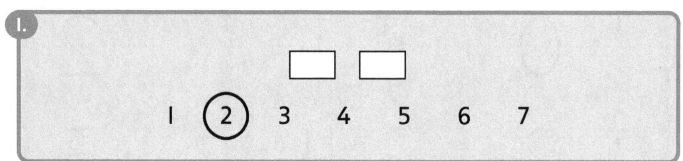

2.

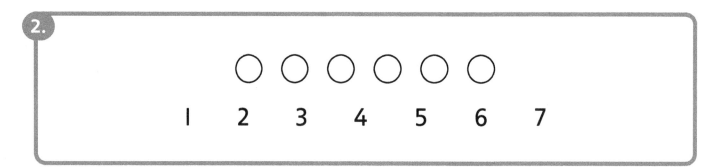

3.

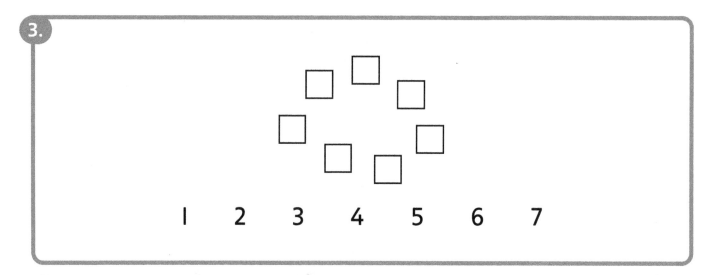

4.

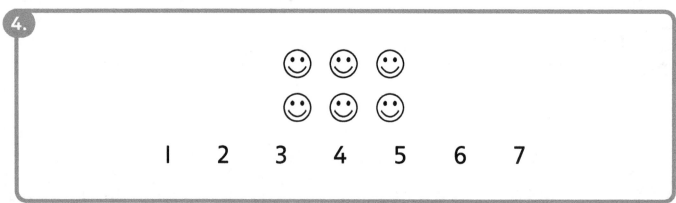

Combien?

☐ Compte. Entoure le chiffre.

5.

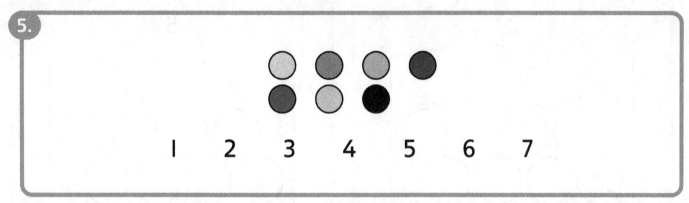

1   2   3   4   5   6   7

6.

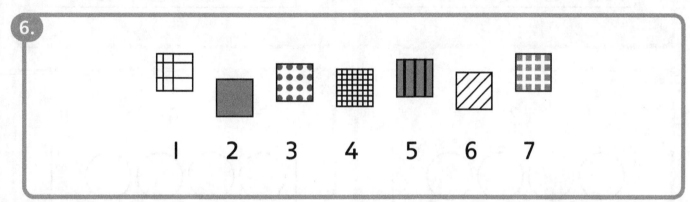

1   2   3   4   5   6   7

7.

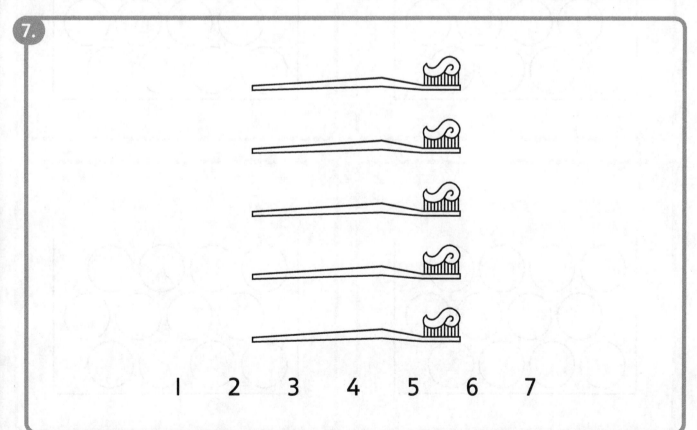

1   2   3   4   5   6   7

☐ Montre comment compter.

8.

2

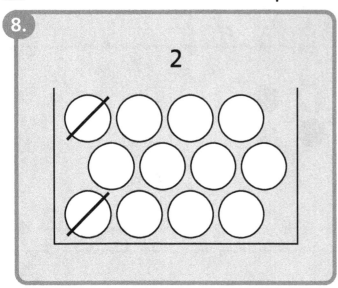

9.

5

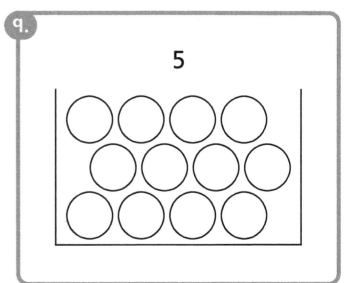

10.

3

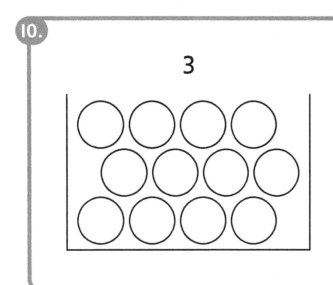

11.

6

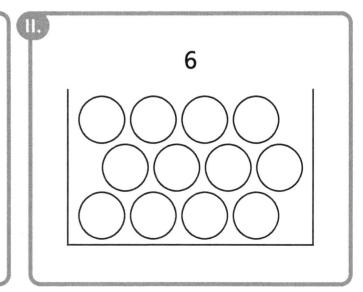

12.

7

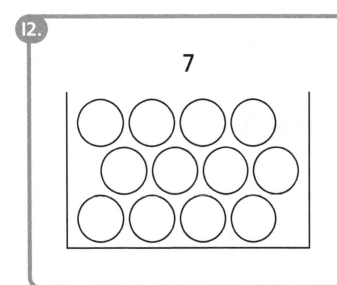

13.

4

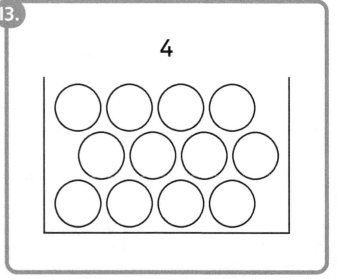

LNM-27 **Les chiffres 6 et 7**

☐ Fais correspondre en traçant des lignes.

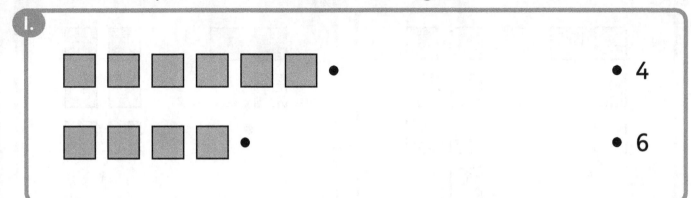

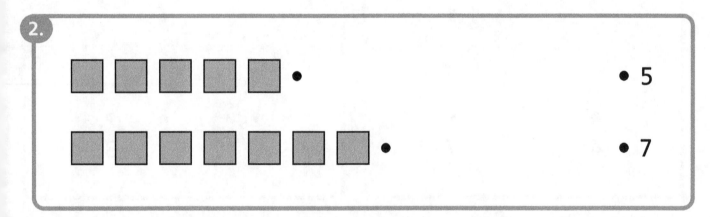

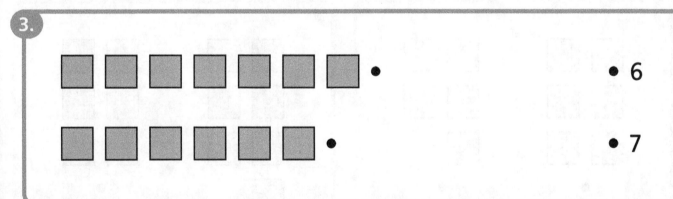

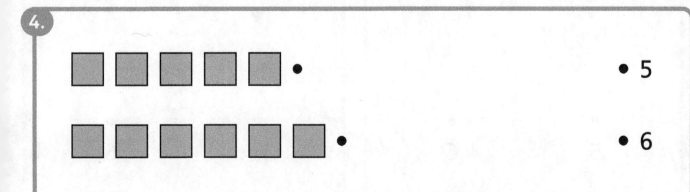

☐ Fais correspondre en traçant des lignes.

5.

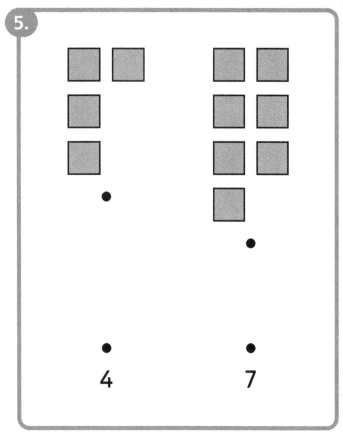

4   7

6.

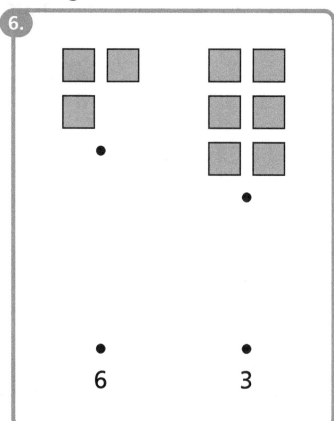

6   3

7.

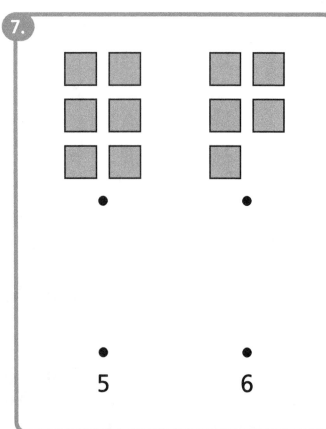

5   6

8.

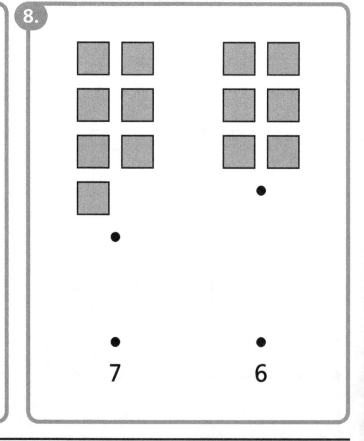

7   6

☐ Fais correspondre en traçant des lignes.

9.

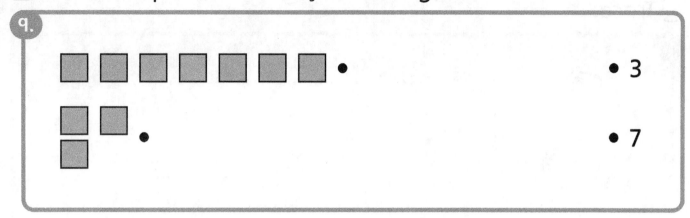

• 3

• 7

10.

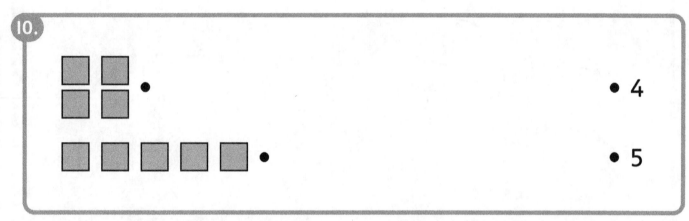

• 4

• 5

11.

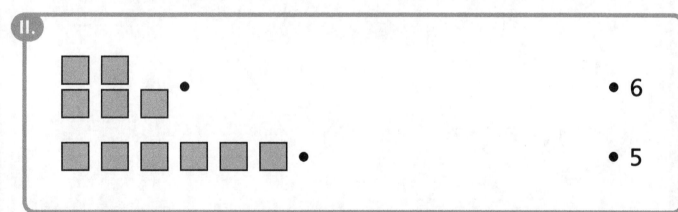

• 6

• 5

12.

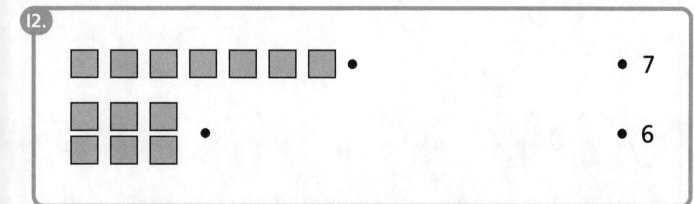

• 7

• 6

☐ Trace.

I.

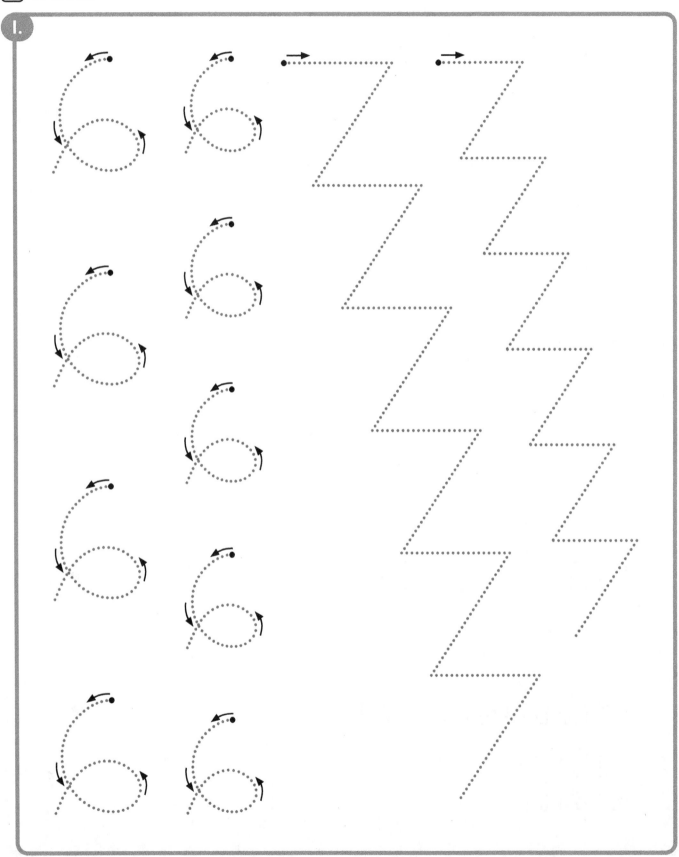

☐ Trace.

2.

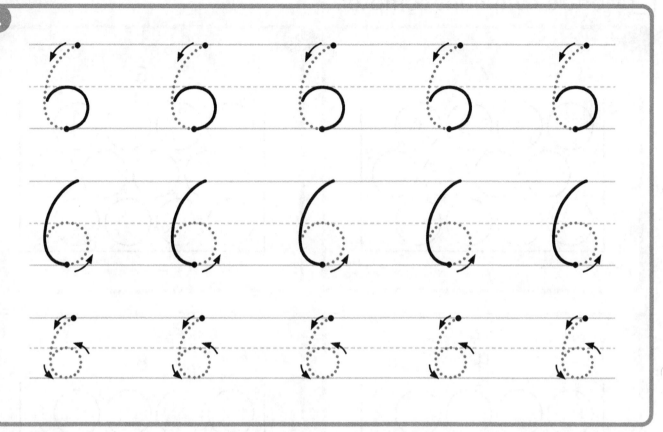

3.

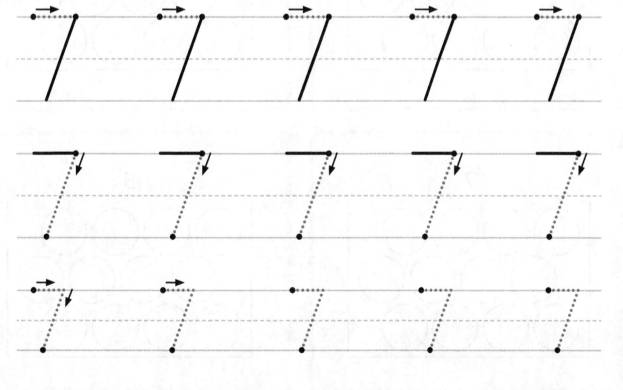

☐ Montre comment compter.

1.

4

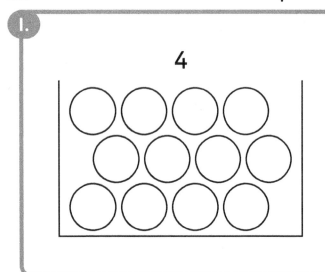

2.

6

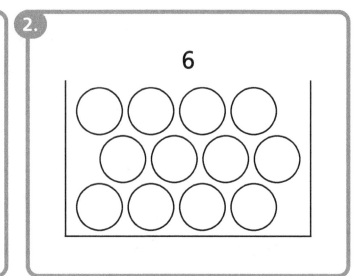

3.

q

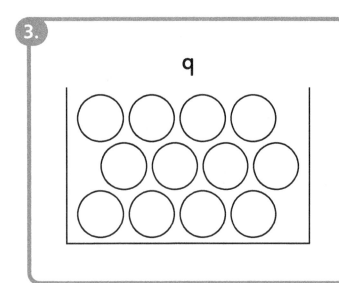

4.

8

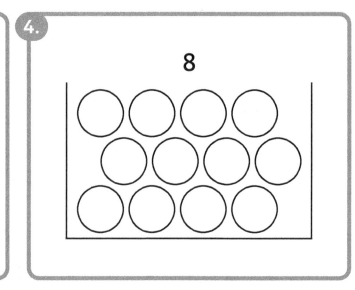

5.

7

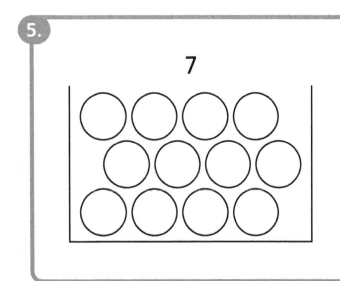

6.

5

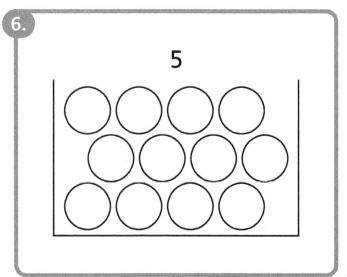

○ Utilise 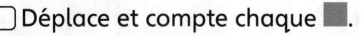.
○ Déplace et compte chaque ■.
○ Entoure le chiffre.

7.

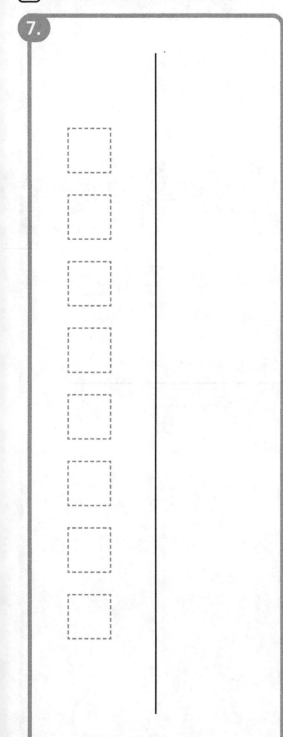

8.

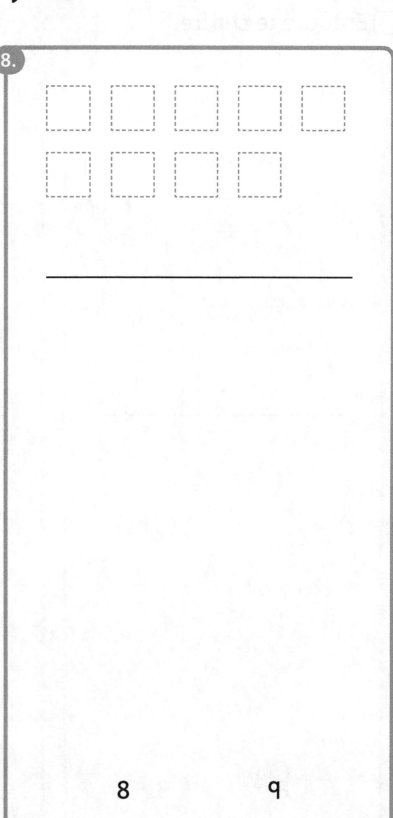

☐ Utilise ▪.

☐ Déplace et compte chaque ▪.

☐ Entoure le chiffre.

9.

8   q

10.

8   q

LNM-30 **Les chiffres 8 et 9**

◻ Fais correspondre en traçant des lignes.

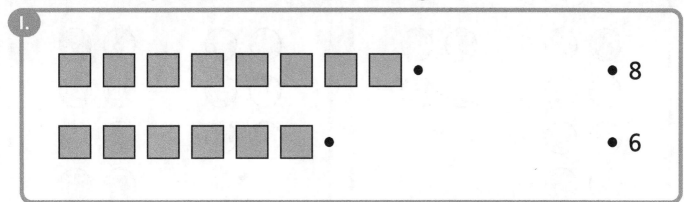

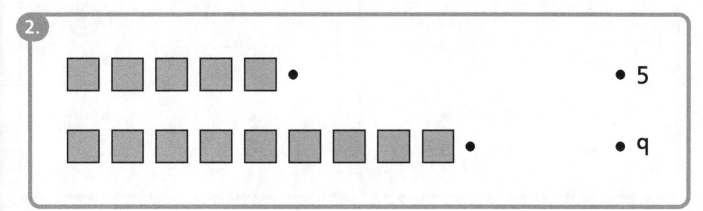

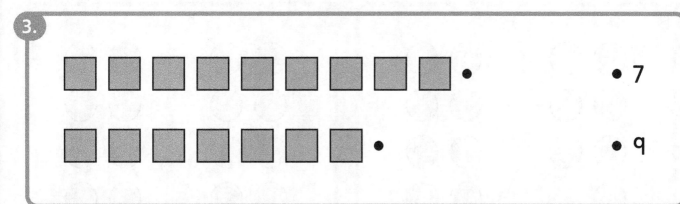

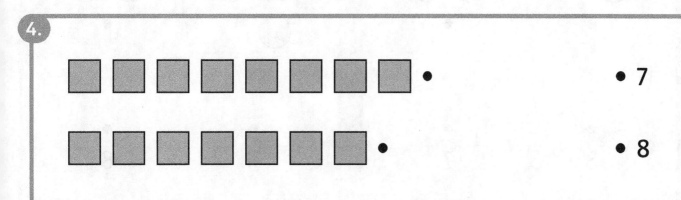

Fais correspondre en traçant des lignes.

5.

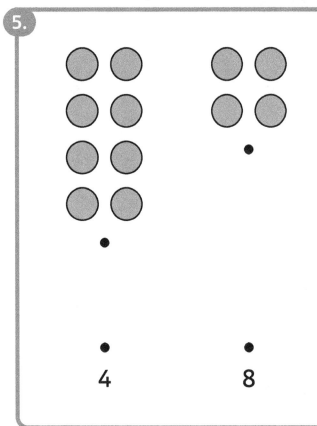

4   8

6.

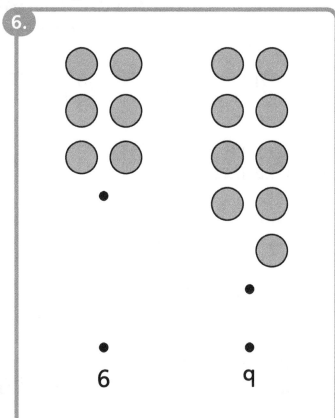

6   q

7.

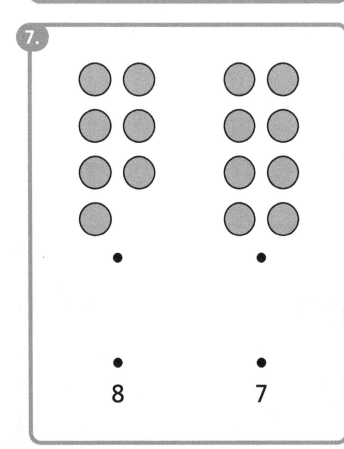

8   7

8.

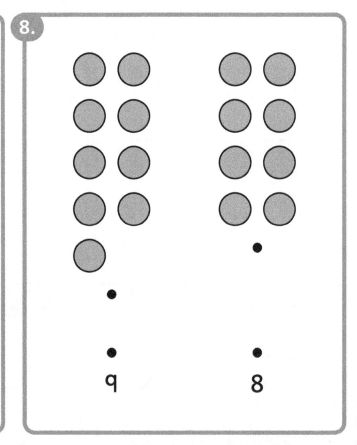

q   8

☐ BONUS : Fais correspondre en traçant des lignes.

q.

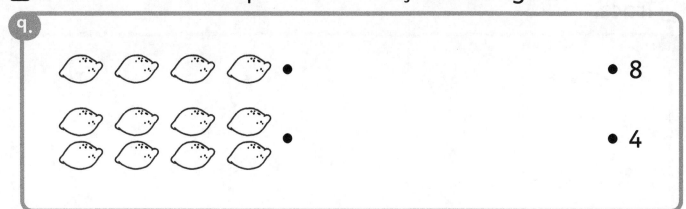

10.

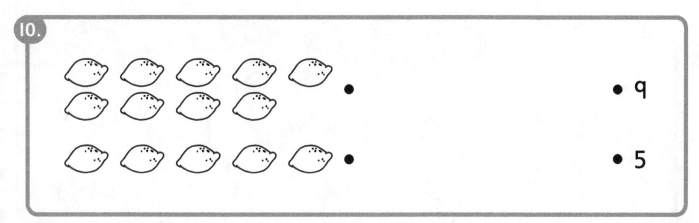

11.

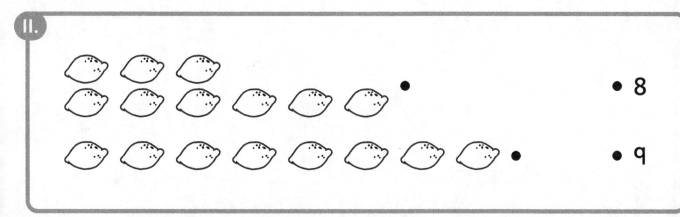

12.

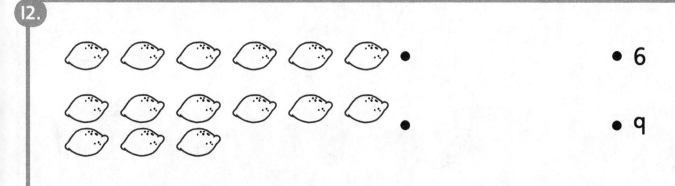

☐ Trace.

I.

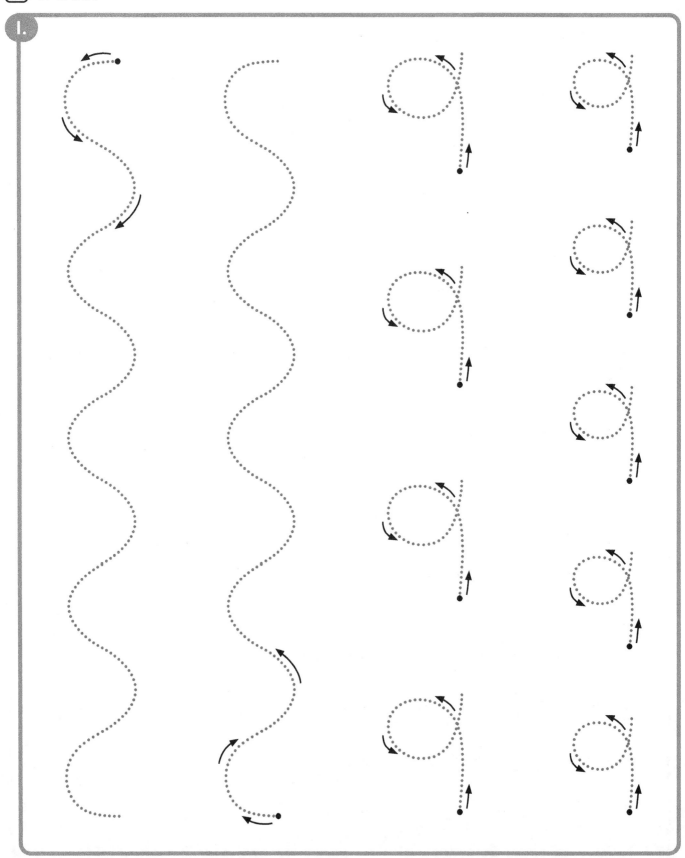

☐ Trace.

2.

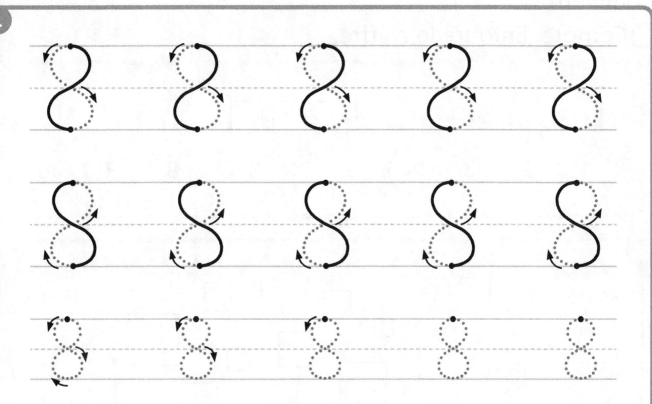

3.

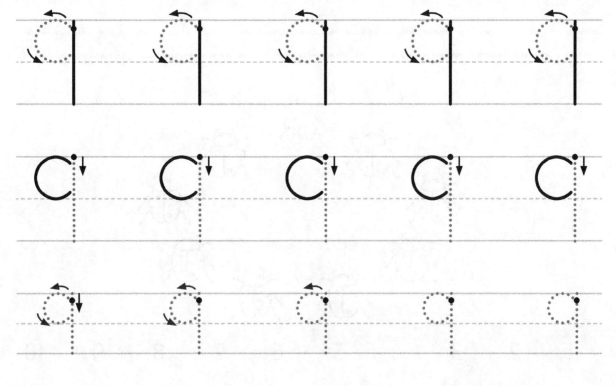

Combien?

☐ Compte. Entoure le chiffre.

I.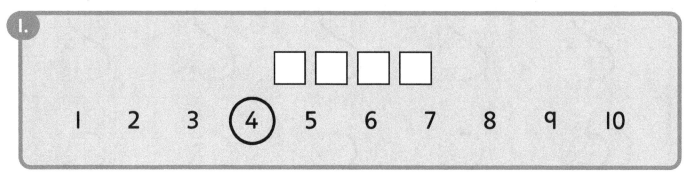

2.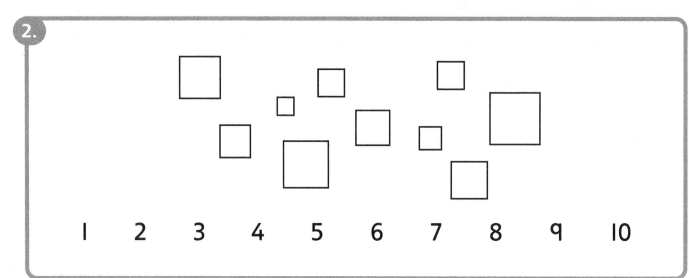

3.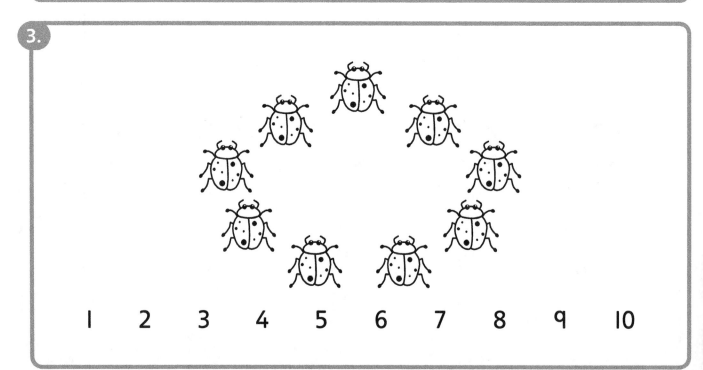

Combien?

☐ Compte. Entoure le chiffre.

4.

1 2 3 4 5 6 7 8 9 10

5.

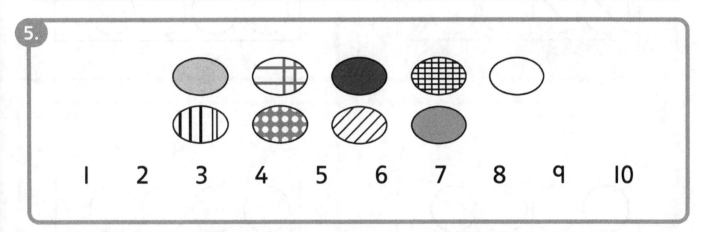

1 2 3 4 5 6 7 8 9 10

6.

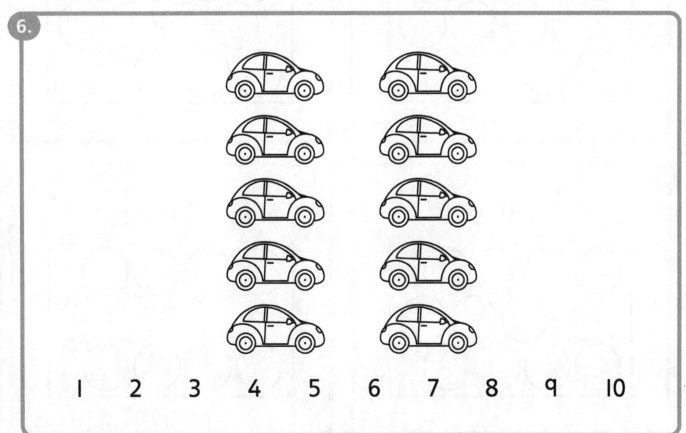

1 2 3 4 5 6 7 8 9 10

☐ Montre comment compter.

7.

5

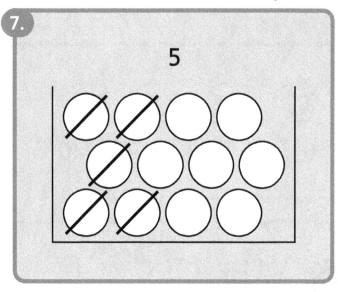

8.

8

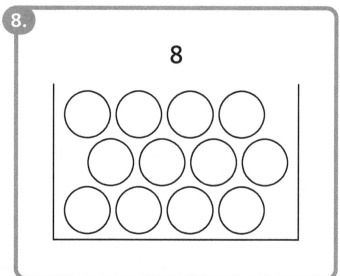

9.

7

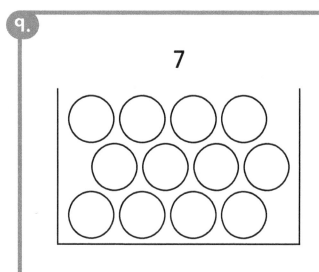

10.

q

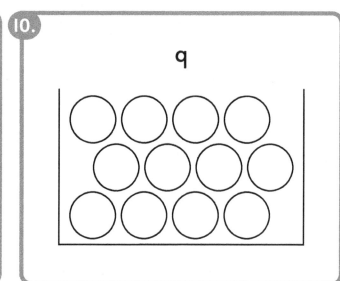

11.

10

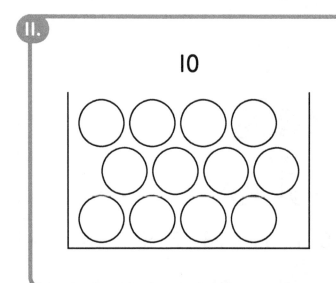

12.

6

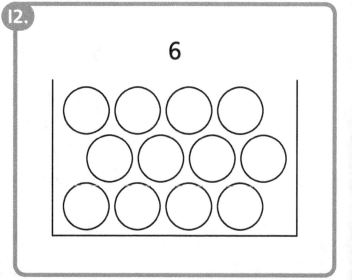

LNM-33 Le chiffre 10

☐ Fais correspondre en traçant des lignes.

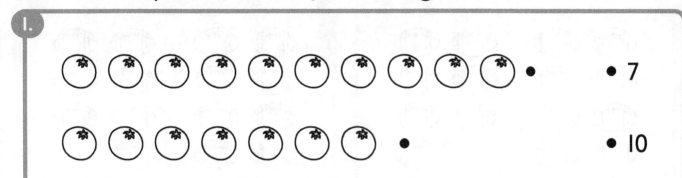

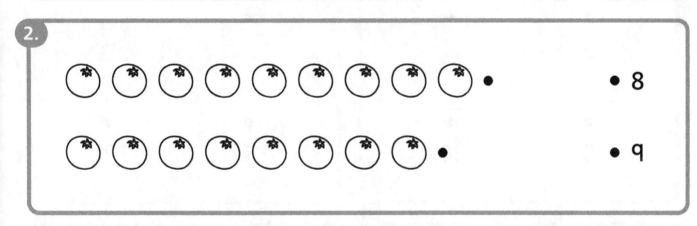

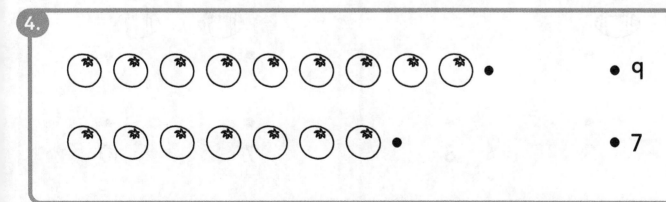

☐ Fais correspondre en traçant des lignes.

5.

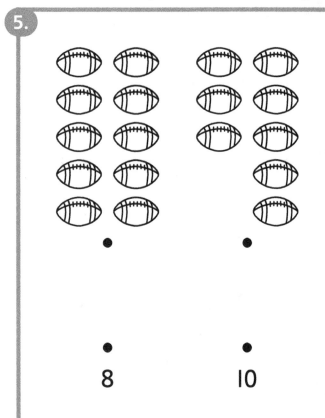

8   10

6.

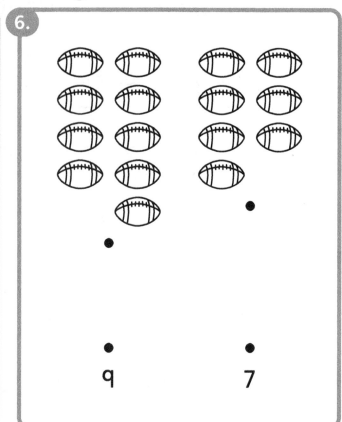

q   7

7.

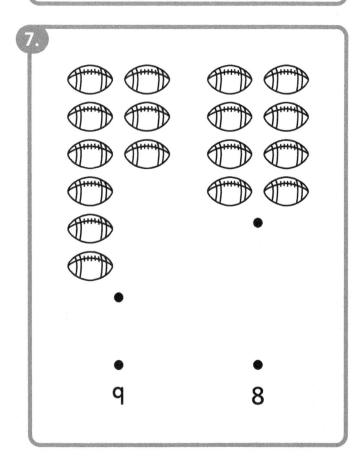

q   8

8.

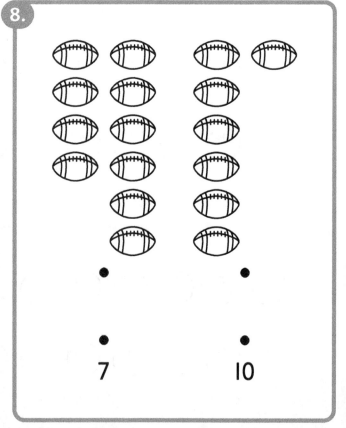

7   10

LNM-34 Écrire 10

☐ Trace.

1.

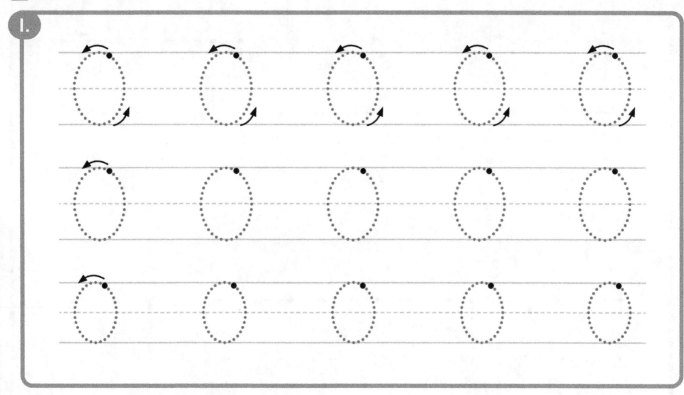

2.

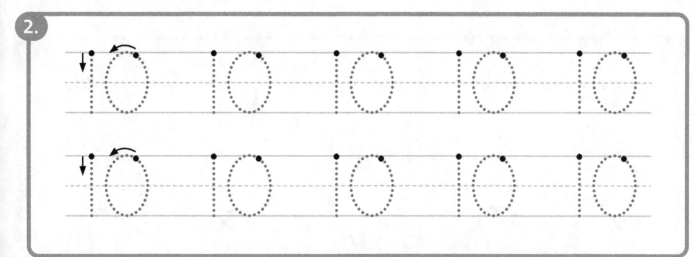

☐ Write 10.

3.

4.

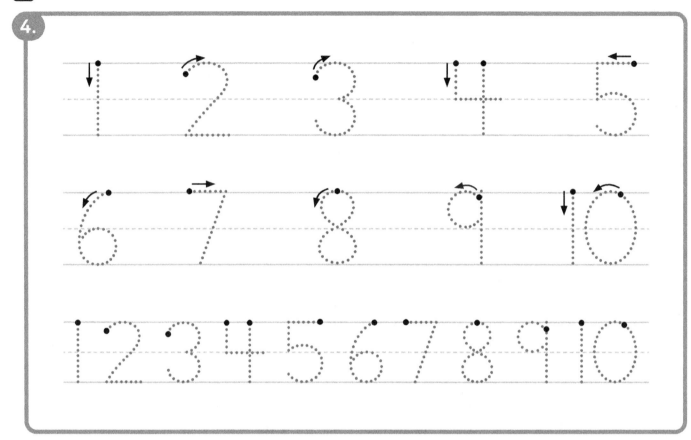

5.

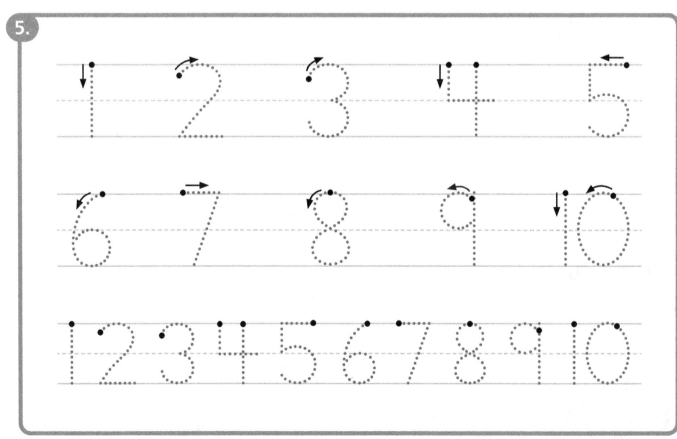

LNM-35 **Révision de 0 à 10**

☐ Trace.
☐ Colorie le nombre de carrés.

1.

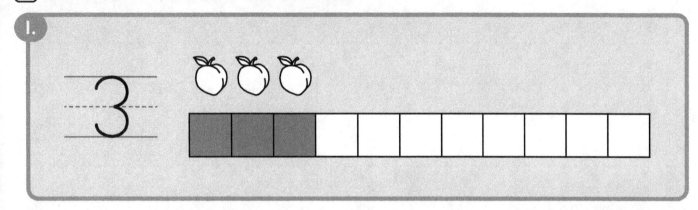

2.

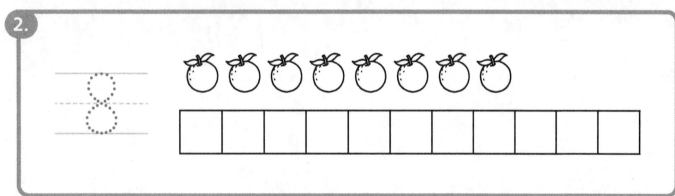

3.

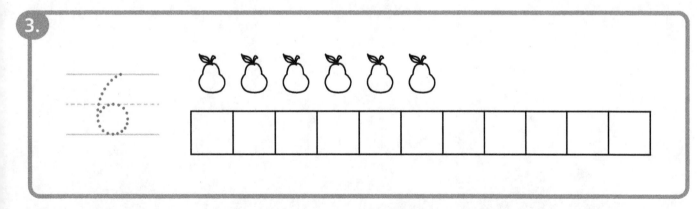

4.

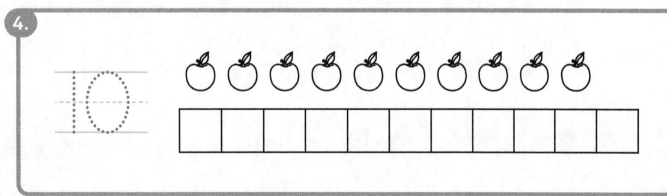

LNM-36 Comptage jusqu'à 60.

☐ Trace.

1.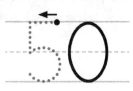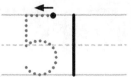

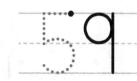   60

2.

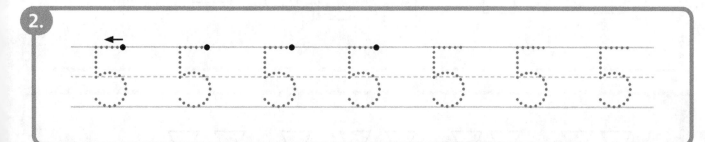

☐ Écris 5.

3.

LNM-37 **Le chiffre identique (égal)**

☐ Fais correspondre en traçant des lignes.

☐ Colorie ☺ si c'est identique. Colorie ☹ si ce n'est pas identique.

1.

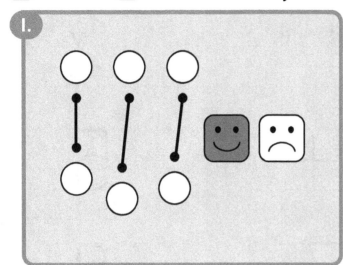

2.

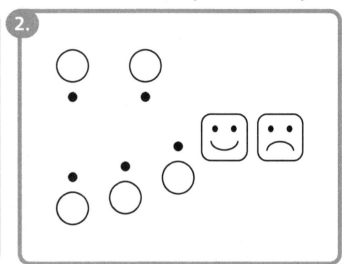

3.

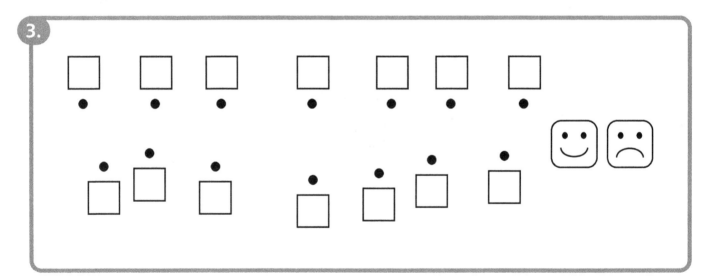

4.

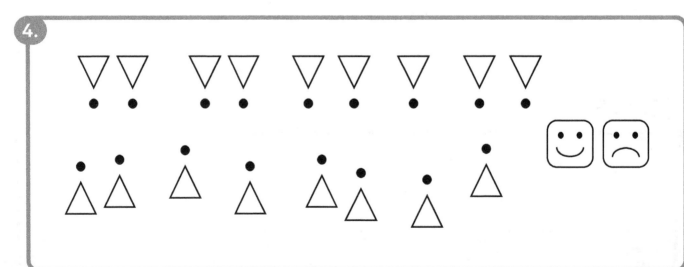

Fais correspondre en traçant des lignes.

Colorie 🙂 si c'est identique. Colorie 🙁 si ce n'est pas identique.

5.

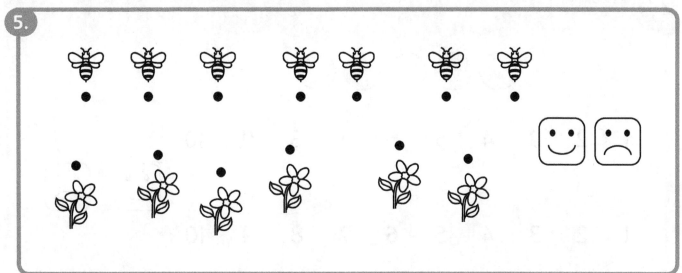

6.

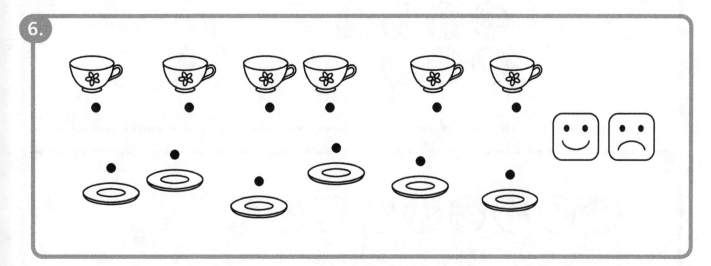

7.

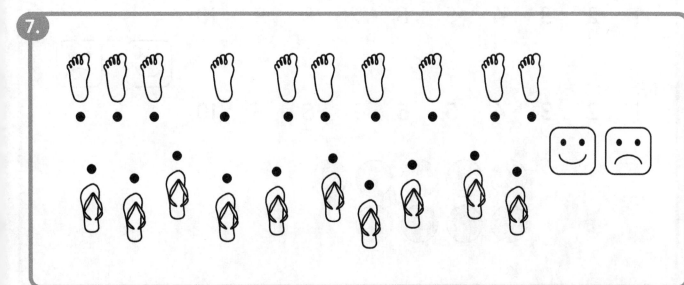

Compte. Entoure le chiffre.

Colorie 🙂 si c'est identique. Colorie ☹ si ce n'est pas identique.

8.

1   2   3   4   5   6   7   8   9   10

🙂   ☹

1   2   3   4   5   6   7   8   9   10

9.

1   2   3   4   5   6   7   8   9   10

🙂   ☹

1   2   3   4   5   6   7   8   9   10

☐ Compte. Entoure le chiffre.
☐ Colorie 😊 si c'est identique. Colorie 🙁 si ce n'est pas identique.

10.

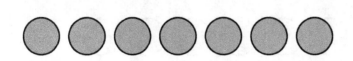

| 1 | 2 | 3 | 4 | 5 | 6 | 7 | 8 | 9 | 10 |

| 1 | 2 | 3 | 4 | 5 | 6 | 7 | 8 | 9 | 10 |

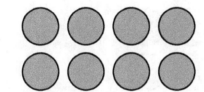

11.

| 1 | 2 | 3 | 4 | 5 | 6 | 7 | 8 | 9 | 10 |

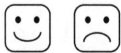

| 1 | 2 | 3 | 4 | 5 | 6 | 7 | 8 | 9 | 10 |

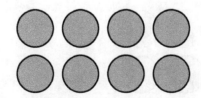

☐ Compte. Entoure le chiffre.
☐ Colorie 🙂 si c'est identique. Colorie 🙁 si ce n'est pas identique.

12.

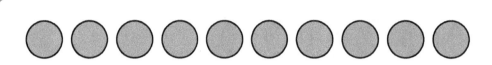

1   2   3   4   5   6   7   8   9   10

1   2   3   4   5   6   7   8   9   10

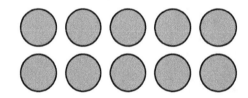

13.

1   2   3   4   5   6   7   8   9   10

1   2   3   4   5   6   7   8   9   10

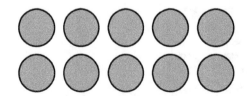

☐ Compte. Entoure le chiffre.
☐ Colorie ☺ si c'est identique. Colorie ☹ si ce n'est pas identique.

14.

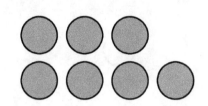

1 2 3 4 5 6 7 8 9 10

1 2 3 4 5 6 7 8 9 10

15. BONUS

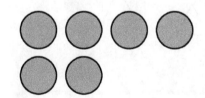

1 2 3 4 5 6 7 8 9 10

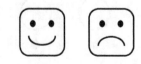

1 2 3 4 5 6 7 8 9 10

LNM-38 Plus grand que

☐ Fais correspondre en traçant des lignes.
☐ Colorie le ☼ pour le groupe qui en contient le plus.

1.

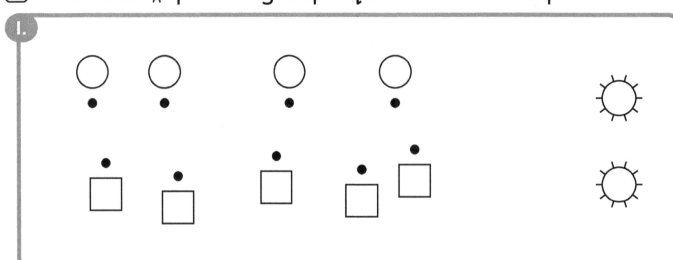

2.

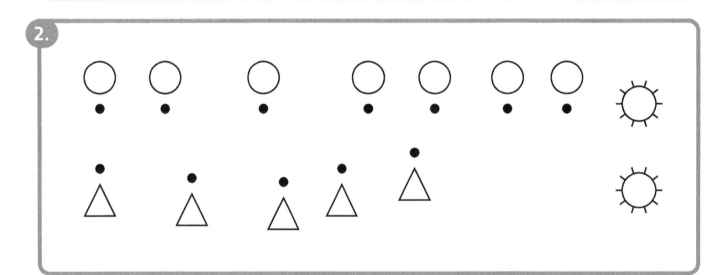

3.

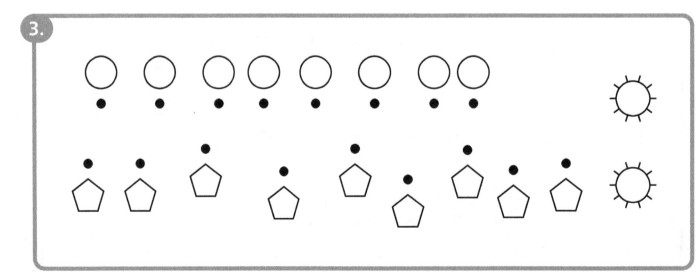

☐ Fais correspondre en traçant des lignes.

☐ Colorie le ☼ pour le groupe qui en contient le plus.

4.

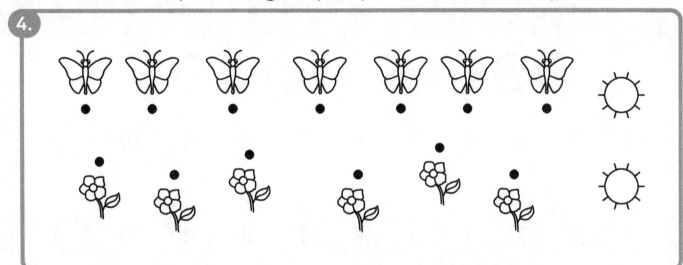

5.

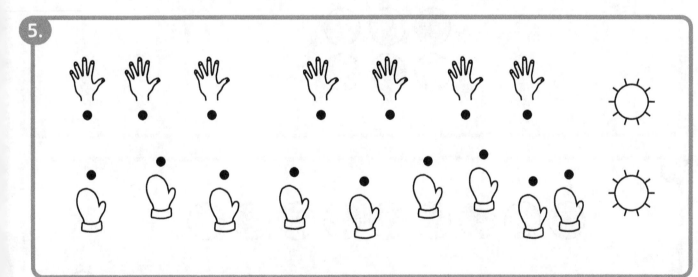

6.

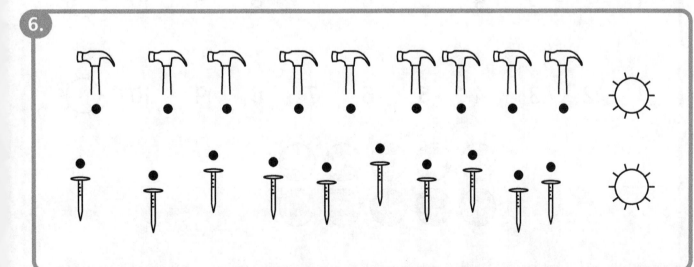

☐ Compte. Entoure le chiffre.
☐ Colorie le ☼ pour le chiffre qui est plus grand.

7.

1   2   3   4   5   6   7   8   9   10   ☼

1   2   3   4   5   6   7   8   9   10   ☼

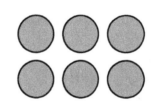

8.

1   2   3   4   5   6   7   8   9   10   ☼

1   2   3   4   5   6   7   8   9   10   ☼

Compte. Entoure le chiffre.

Colorie le ☼ pour le chiffre qui est plus grand.

q.

1   2   3   4   5   6   7   8   q   10

1   2   3   4   5   6   7   8   q   10   ☼

10.

1   2   3   4   5   6   7   8   q   10

1   2   3   4   5   6   7   8   q   10

Compte. Entoure le chiffre.

Colorie le ☼ pour le chiffre qui est plus grand.

11.

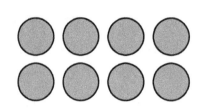

1   2   3   4   5   6   7   8   9   10

1   2   3   4   5   6   7   8   9   10   ☼

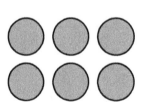

12.

1   2   3   4   5   6   7   8   9   10   ☼

1   2   3   4   5   6   7   8   9   10

NOM _____

☐ Compte. Entoure le chiffre.
☐ Colorie le ☼ pour le chiffre qui est plus grand.

13. BONUS

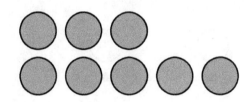

1   2   3   4   5   6   7   8   9   10   ☼

1   2   3   4   5   6   7   8   9   10   ☼

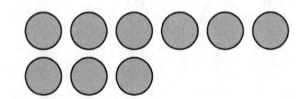

14. BONUS

1   2   3   4   5   6   7   8   9   10   ☼

1   2   3   4   5   6   7   8   9   10   ☼

LNM-39 **Moins de**

☐ Fais correspondre en traçant des lignes.
☐ Colorie le ☼ pour le groupe qui en contient le moins.

I.

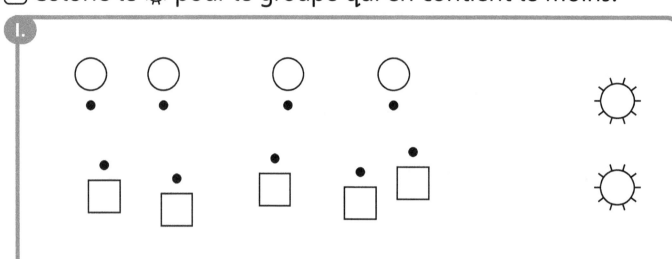

2.

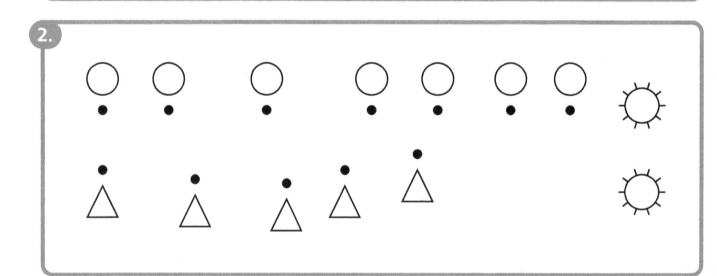

3.

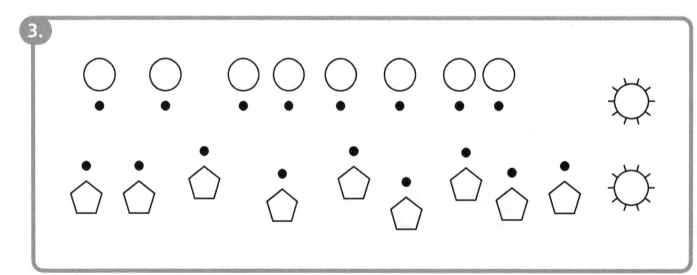

☐ Fais correspondre en traçant des lignes.

☐ Colorie le ☼ pour le groupe qui en contient le moins.

4.

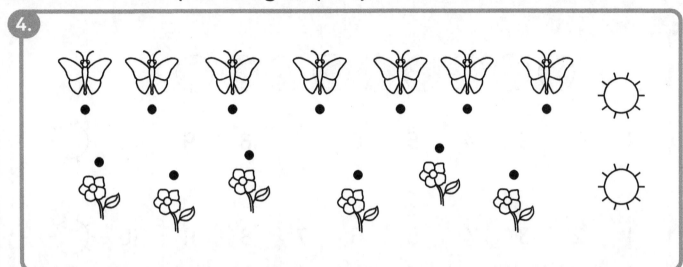

5.

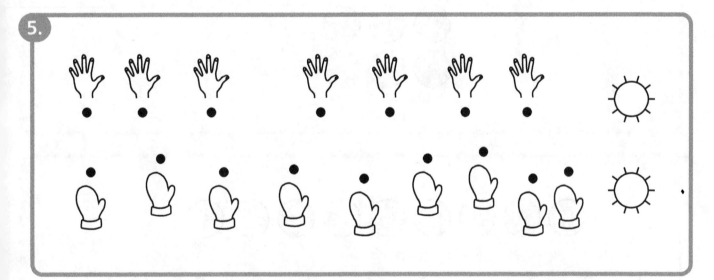

6.

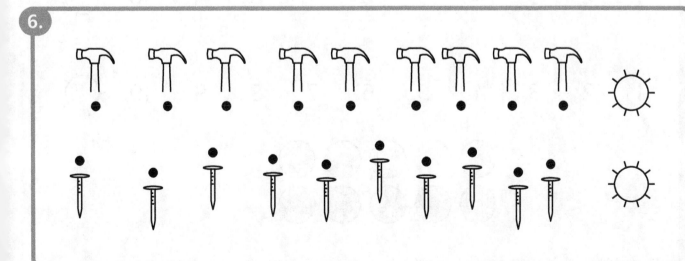

☐ Compte. Entoure le chiffre.
☐ Colorie le ☼ pour le chiffre qui en a le moins.

7.

1　2　3　4　5　6　7　8　9　10　☼

1　2　3　4　5　6　7　8　9　10　☼

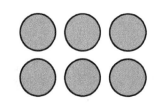

8.

1　2　3　4　5　6　7　8　9　10　☼

1　2　3　4　5　6　7　8　9　10　☼

☐ Compte. Entoure le chiffre.
☐ Colorie le ☼ pour le chiffre qui en a le moins.

q.

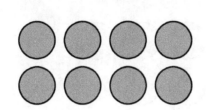

1   2   3   4   5   6   7   8   q   10   ☼

1   2   3   4   5   6   7   8   q   10   ☼

10.

1   2   3   4   5   6   7   8   q   10   ☼

1   2   3   4   5   6   7   8   q   10   ☼

☐ Compte. Entoure le chiffre.
☐ Colorie le 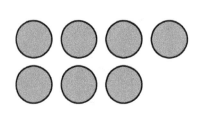 pour le chiffre qui en a le moins.

11.

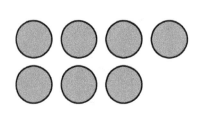

1 2 3 4 5 6 7 8 9 10

1 2 3 4 5 6 7 8 9 10

12.

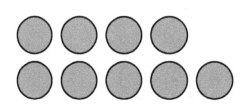

1 2 3 4 5 6 7 8 9 10

1 2 3 4 5 6 7 8 9 10

☐Compte. Entoure le chiffre.
☐Colorie le ☼ pour le chiffre qui en a le moins.

13. BONUS

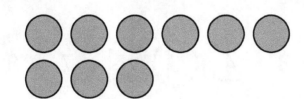

1   2   3   4   5   6   7   8   9   10   ☼

1   2   3   4   5   6   7   8   9   10   ☼

14. BONUS

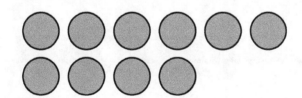

1   2   3   4   5   6   7   8   9   10   ☼

1   2   3   4   5   6   7   8   9   10   ☼

LNM-40 Un de plus que

☐ Dessine une ligne au-dessous du chiffre.
☐ Entoure le chiffre qui vient après.

1.

| 4 | 1 | 2 | 3 | <u>4</u> | ⑤ | 6 | 7 | 8 | 9 | 10 |

2.

| 9 | 1 | 2 | 3 | 4 | 5 | 6 | 7 | 8 | 9 | 10 |

3.

| 5 | 1 | 2 | 3 | 4 | 5 | 6 | 7 | 8 | 9 | 10 |

4.

| 2 | 1 | 2 | 3 | 4 | 5 | 6 | 7 | 8 | 9 | 10 |

5.

| 8 | 1 | 2 | 3 | 4 | 5 | 6 | 7 | 8 | 9 | 10 |

☐ Fais correspondre en traçant des lignes.
☐ Entoure le ⬤ supplémentaire.
☐ Écris combien il y en a en supplémentaire.

6.

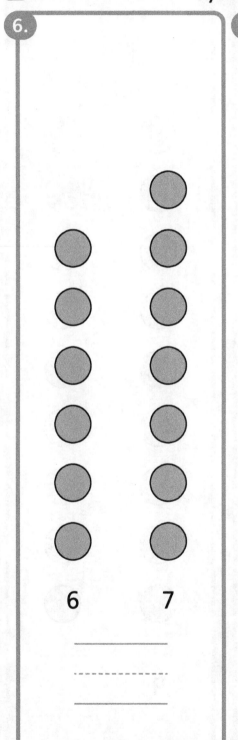

6   7

7.

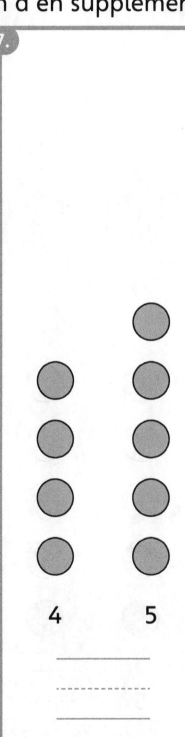

4   5

8.

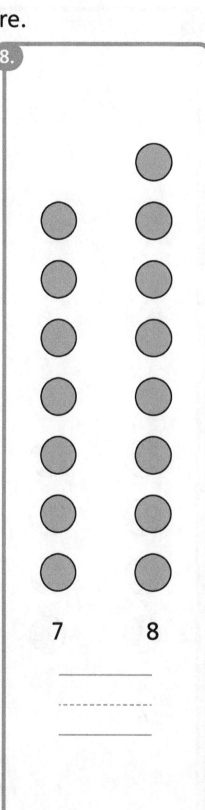

7   8

☐ Écris le chiffre qui vient après.
☐ Colorie pour montrer le chiffre qui vient après.

9.

4 _____

10.

5 _____

11.

9 _____

☐ Écris le chiffre qui vient après.
☐ Colorie pour montrer le chiffre qui vient après.

12.

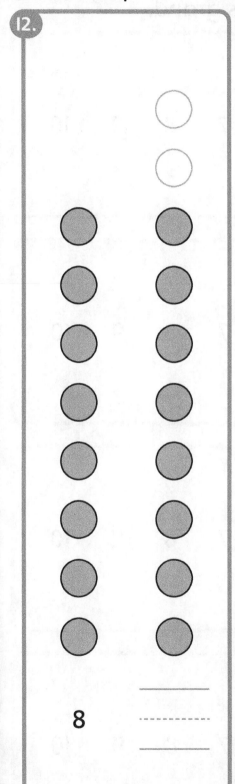

8 ....

13.

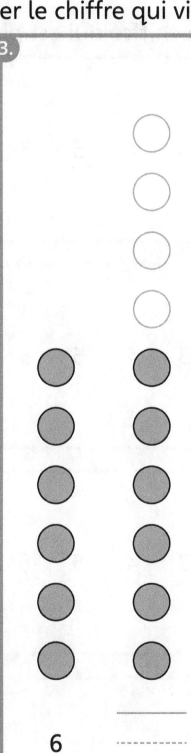

6 ....

14.

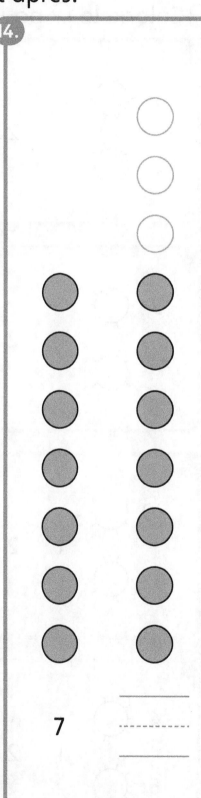

7 ....

LNM-4I **Comparer les chiffres**

☐ Entoure les chiffres
☐ Colorie le ☼ pour le chiffre qui est plus grand.

1.

7 ☼

2 ☼

1   2   3   4   5   6   7   8   9   10

2.

3 ☼

9 ☼

1   2   3   4   5   6   7   8   9   10

3.

10 ☼

1 ☼

1   2   3   4   5   6   7   8   9   10

4.

4 ☼

6 ☼

1   2   3   4   5   6   7   8   9   10

☐ Colorie pour montrer les chiffres. Fais correspondre.
☐ Entoure le chiffre qui est moins.

5.

| 1 | 4 |

6.

| 4 | 2 |

7.

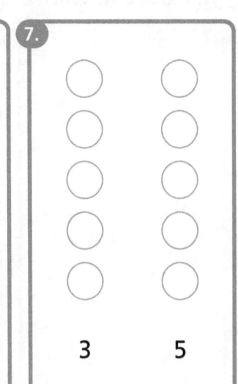

| 3 | 5 |

8.

| 6 | 2 |

9.

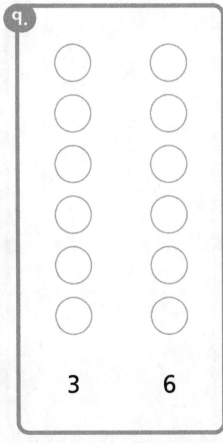

| 3 | 6 |

10.

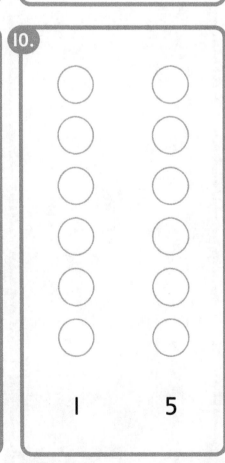

| 1 | 5 |

☐ Colorie pour montrer les chiffres. Fais correspondre.
☐ Entoure le chiffre qui est plus grand.

11.

9   5

12.

8   3

13.

6   10

Logique numérale M-41